弁護士法人 中央総合法律事務所

弁護士 **小林章博** [著]

LawLゆいの

初心者でもわかる！

会社法入門

増補版

第一法規

増補版　はしがき

　会社法は平成17年に制定され、平成26年に一部改正されました（平成26年法律第90号）。本書初版は、平成26年改正法を前提に、初めて「会社法」を学ぶ方に向けた入門書として、わかりやすい表現を心がけて執筆いたしましたところ、私が想像していた以上の多くの皆様にお読みいただき、ご感想・ご助言をいただくことができました。

　今般、令和元年12月4日、会社法の一部を改正する法律（令和元年法律第70号）が成立し、同月11日に公布されました。今回の改正では、株主総会の運営、社外取締役を置くことの義務づけや取締役の報酬に関する規律等、本書の記載内容にも影響を及ぼす改正がなされています。

　そこで、今回の法改正が本書の記載内容に影響があると考えられる部分を中心に新たなコラムを加筆するとともに、初版に寄せられたご感想・ご助言を踏まえた見直しをいたしました。

　本書が初版同様に多くの皆様に手にとっていただき、1人でも多くの方に「会社法って面白い！」とお感じいただければ幸いです。

　最後に増補版の執筆にあたり、多大な配慮をいただきました第一法規株式会社の荒巻順子様にこの場を借りて厚くお礼申しあげます。

2020年6月

弁護士　小林章博

はしがき

本書は、初めて「会社法」を学ぶ方に向けた、会社法の入門書です。

現在、「社外取締役」や「コーポレート・ガバナンス」という言葉を聞かぬ日がないほど、株式会社の経営に関し注目が集まっています。このため、学生だけでなく、多くのビジネスパーソンが会社法を学ぶ必要性に迫られているのではないでしょうか。

しかし、株式会社について規律する会社法は、膨大な条文で構成された複雑な法律であり、初学者が理解するのは決して容易なことではありません。

そこで本書は、会社法のうち、特に初学者が理解しておきたい株式・機関・計算の分野に思い切って重点を置きました。

また、「会社法の活用場面を具体的にイメージしながら、会社法の基本構造を理解できる」ことを目指して、「福山部長と石原ゆいの軽妙な掛け合いスタイル」での解説を試みました。読者が本書を最後まで飽きることなく通読できるように、本書を貫く１つの物語〜京都を舞台とした「取締役たちのオトナの物語」〜も展開しています。

さらに、読者が、会社法という法律に「直接触れる感覚」も持っていただきたいという思いから、重要な条文をできるだけ多く引用することも心がけました。ただし、条文そのままの引用は読みにくい部分もありますので、本書の理解に必要な部分を適宜抜粋しています。

以上の試みがどこまで実現できているかは甚だ心もとない限りですが、本書を手にとってくださった皆様の1人でも多くの方に、「会社法って面白い！」とお感じいただければ、これ以上の喜びはありません。

　最後になりましたが、本企画の実現にご尽力いただいただけでなく、私の思いを汲み取ってとても素敵な書籍として仕上げていただいた、第一法規株式会社の松本典子様、荒巻順子様、稲村将人様に心からお礼を申しあげます。
　またLawLゆいのキャラクター設定等について有益な助言をいただいた弁護士法人中央総合法律事務所東京事務所所長の安保智勇弁護士に、この場をお借りして感謝を申しあげます。

2015年5月
新緑美しき京都にて

弁護士　小林章博

初心者でもわかる！　LawL ゆいの会社法入門

CONTENTS

第3章　株主総会・株主の権利

第4章　役員の報酬、計算書類・事業報告、剰余金の配当

登場人物

石原ゆい（いしはら・ゆい）…株式会社ティーシードの新人法務部員。好奇心旺盛な25歳。今回は、会社法に挑みます！

福山穣治（ふくやま・じょうじ）…株式会社ティーシードの法務部長。大手商社から大手化粧品会社を経て現職。46歳。

茶屋健太郎（ちゃや・けんたろう）…株式会社ティーシードの代表取締役社長。55歳。ティーシード・コンサルティング株式会社代表取締役である高倉、同取締役である寺町とは大学時代からの友人。

高倉 翔（たかくら・しょう）…ティーシード・コンサルティング株式会社（TSC社）の代表取締役社長。55歳。

寺町美樹（てらまち・みき）…TSC社の取締役。55歳。今回、自己が保有しているTSC社株を伊達慎一氏に譲渡することに…!?

伊達慎一（だて・しんいち）…寺町からTSC社株の譲渡を受けようとする人物。茶屋の調査によるとあまり評判がよくない人物の模様。

柳 晴明（やなぎ・はれあき）…TSC社の株主である株式会社柳美（りゅうび）の代表取締役会長。70歳。

株式会社ティーシード…静岡市を本店とする従業員80名の製造会社。日本茶関連商品の製造を主に行ってきたが、近年のオーガニックブームに乗り、茶の実オイルを使用した自社開発化粧品が国内で大ヒット。営業と法務部門を東京に移したところ。

ティーシード・コンサルティング株式会社（TSC社）…ティーシード製品の広告やマーケティングを目的として、高倉、寺町、茶屋の3名が中心となって京都で立ち上げた会社。株式会社ティーシード自身も出資している。

●**役員構成**

代表取締役	高倉 翔
取締役	寺町美樹
取締役	茶屋健太郎（非常勤）
監査役	清水 悟

●**株主構成**（発行済み株式総数1,000株）

高倉〔個人〕	200株
寺町〔個人〕	200株
茶屋〔個人〕	100株
株式会社ティーシード〔法人〕	200株
株式会社柳美〔法人〕	150株
株式会社エビス〔法人〕	150株

◉ 凡例：会社法➡法・現行法
　　　　令和元年改正会社法➡改正法
　　　　会社法施行規則➡会社規則
　　　　会社計算規則➡計算規則

◉ 引用条文中のアンダーラインは著者によるものです。

◉ エピソードはすべてフィクションです。もし同一の名称があった場合も実存する人物、団体等とは一切関係ありません。

◉ "LawL（ロー・エル）" とは "Law Lady" の略語であり、女性弁護士や女性法務部員のように、法律分野で活躍する女性を総称した造語です。

◉ 「LawL」「ロー・エル」は弁護士法人中央総合法律事務所の登録商標です。（第5443746号、第5443747号）

【ご注意】

　令和元年改正法の施行時期は公布の日（令和元年12月11日）から1年6カ月を超えない範囲内において政令で定める日（ただし、株主総会資料の電子提供制度の創設および会社の支店の所在地における登記の廃止に係る規定の施行時期は、公布の日から3年6カ月を超えない範囲内において政令で定める日）とされていますので、読者の皆様が本書を手にとられる時期によっては、改正法が未施行の場合があります。その点、ご注意ください。

第1章

定款・登記・株式の
譲渡

2015年1月7日
―京都市内、ティーシード・コンサルティング株式会
社の社長室―

「一体何があったというんだ。私に何の相談もなくこ
んな書面を会社に送りつけてくるなんて…。」

　ティーシード・コンサルティング株式会社社長の高
倉は、ぼんやりと窓の外を眺めた。新年早々、約60年
ぶりの大雪に見舞われた京都。それからもう1週間以
上経過したというのに、窓から見える中庭の隅には黒
ずみ始めた雪がまだ残っている。

「まぁ、とにかく、茶屋さんに相談してみるしかないな。」

　高倉は、スマートフォンで株式会社ティーシード社長
の茶屋健太郎の番号を検索すると発信ボタンを押した。

「あ、もしもし茶屋さん？　ティーシード・コンサル
ティング株式会社の高倉です。夜遅くにすまないね。」
「おー高倉さん。新年明けましておめでとうございま
す。テレビで見たよ。京都、大変な雪だったんだってね。

もう落ち着いた？」

「大雪のほうは落ち着いたんだが、ちょっと茶屋さんに相談したいことがあってね。見てもらいたい書類があるんだけど、今、会社にいる？」

「さっき、新年会から会社に戻ってきたところだよ。今は、明日に備えて会社で資料等に目を通している。まだしばらくは会社にいるつもりだし、急ぎの書類ならすぐに送ってくれたら目を通すよ。ちょっとアルコール入ってるけど。」

「ありがとう。そしたら、今ファックスするから見てくれないか。送付書もなしに送るから、すぐピックアップを頼むよ。」

「OK。目を通したら僕から高倉さんに電話を入れるよ。じゃあ、また後で。」

　数分すると、茶屋の近くにあるファックスが1枚の書面を受信した。

　茶屋は高倉から届いたその書面を手にとってしばらく見つめた後、スマートフォンを手にとった。

「あ、もしもし高倉さん？　茶屋です。書類見たよ。とりあえず、うちの会社の法務部に法律的なことを調べさせてみるから、ちょっと時間をくれないかな。」

1

定款・登記

　株式会社の組織や活動に関する根本的なルールを記載したものが「定款」、また、株式会社の本店所在地や取締役等の一定事項について情報提供を行う重要なツールが「登記」です。ここでは、定款や登記がどのようなものなのか、確認してみましょう。

[定款や登記って何？]

―株式会社ティーシード法務部―

部長　石原君、ちょっとこっちにきてくれ！
　今、茶屋社長から至急案件で呼び出しを受けたんだ。この書類を見て（右頁参照）、君も検討してくれないか。

ゆい　部長、どうしたんですか新年早々そんなに慌てて。ん？　何ですかこの書類…。
　「ティーシード・コンサルティング株式会社」って、確か当社の製品のPRとかしている会社ですよね？

部長　そうだ。ティーシード・コンサルティング株式会社（以下「TSC社」という）は、今君がいったとおり、わが株式会社ティーシードの日本茶関連商品を

はじめ、主力製品である茶の実オイルの広告やマーケティングのために、当社の社長が大学時代の友人2人と一緒に立ち上げた会社だ。TSC社の本社は日本文化の拠点ともいえる京都にある。

ゆい　あれっ？　この書類に書いてある名前、どこかで見たことがあるような気が…ちょっと待ってください。

2015年1月6日

ティーシード・コンサルティング株式会社　御中

　　　　（株主）　住　所　●●
　　　　　　　　　氏　名　寺町　美樹　㊞

株式の譲渡承認または譲渡の相手方指定請求書

　貴社株式を下記のとおり譲渡いたしたく承認の請求をいたします。

　もし、承認されないときは、貴社にて買い取るか、他に譲渡の相手方を指定願いたく、会社法第136条および138条の規定により請求します。

記

1．譲渡する株式の種類および数
　　　貴社　普通株式　200株

2．譲渡する相手方
　　　住　所　○○
　　　氏　名　伊達　慎一

以上

部長　え、そうなのかい？

ゆい　あったあった、寺町さんの名刺。半年ぐらい前に当社の東京事業所に打ち合わせにこられた際にご挨拶をしたんですよ。さすが、うちの商品PRとかをする会社の方だけあって、とってもセンスのいい感じの女性でした。で、この寺町さんからのお手紙、何て書いてあるんですか？

部長　それがどうも、寺町さんが、保有しているTSC社の株式を譲渡することについて承認を求めてきているようなんだ。

ゆい　それって、会社法の領域ですね。私、大学時代、会社法は苦手だったんですよねぇ。

部長　そんなことをいっている場合じゃないぞ。茶屋社長からはこの書面に対する対応策について、今日中にレポートをまとめるようにいわれているんだ。急いで検討しよう。

ゆい　今日中⁉　それは大変！　でも、何をベースに検討したらいいんですか？

部長　とりあえず社長からTSC社の定款のコピーと登記のコピーを預かっている（本書資料室）。まず、これをベースに検討を始めてみようか。

ゆい　わかりました。確認ですけど「定款」って、その会社の事業目的とか株主総会や取締役会の運営の仕方等の根本規範が記載された書類で、国でいうと

憲法みたいなものでしたよね？

部長　そうだよ。じゃあ、登記のほうはどういうものだい？

ゆい　登記は、会社の本店の住所や事業の目的、あと取締役の名前などが記載された書類でしたよね？確か、法務局に行けば、誰でもその内容を確認できるのではないでしょうか？

部長　お、ちょっとはわかっているようだな。

ゆい　これでも一応、法学部出身ですから。といっても、実は私、定款や登記の実物を見るのは初めてなんです。

部長　…少し頼りないが、早速定款や登記を確認してみよう。さっきの社長の口ぶりでは、当社がより積極的にTSC社の経営に関わっていく可能性もあるみたいなんだ。そんなときに備えて、できるだけ丁寧に確認しておこう。

ゆい　了解です！

［ 定款の記載事項 ］

ゆい　へぇ、定款って、結構いろいろなことが書いてあるんですね。分量も思ってたよりも多いな。TSC社の定款は第38条までありますよ！

部長　そうだね。でも会社法が必ず定款に記載しなけ

ればならないと定めている事項（これを「絶対的記載事項」という）は、会社の目的や商号、本店所在地くらいなもので、決して多くはないんだよ(法27条)。

会社法27条 (定款の記載又は記録事項)

一　目的

二　商号

三　本店の所在地

四　設立に際して出資される財産の価額又はその最低額

五　発起人の氏名又は名称及び住所

ゆい　そうなんですか？　じゃあ、TSC社の定款にはどうしてこんなにたくさんの事項が書いてあるんですか？

部長　それは、大きく分けて２つの理由があるんだ。１つは、定款に定めなければ効力が認められない事項があるから（これを「相対的記載事項」という）。もう１つは、株主総会や取締役会の開催や運営方法などその会社にとって基本的かつ重要な事項について、わざわざ会社法の条文を調べなくても定款を見ただけでわかるようにしておいたほうがよい、という実務的な配慮からだ（こういう観点から定款に定められている事項を「任意的記載事項」という）。

ゆい　なるほど。でも定款の条文を見ただけでは、「相対的記載事項」とか「任意的記載事項」とか、そんな

の全然わかりません。定款を読むのは難しいですね。

部長　まぁ、そういう分類は特に意識しなくてもあまり問題ないよ。ただ今後、会社法の条文を確認していく際に、「定款で定めることにより」というようなフレーズがよく出てくると思うんだ。その場合は、定款をチェックする、ってことを忘れないように。ところで、石原君。定款は普段どこにあるか知ってるかい？

ゆい　会社の金庫に保管してあるとか？

部長　そりゃ大切な書類だから、原本は金庫にしまってある会社が多いかもしれないが…。そうじゃなくて、僕が聞きたかったのは「法律的に」どこに置くことにされているのかってことだ。まぁ、先に説明しちゃうと、会社の本店と支店に備え置くことが義務づけられているんだ（法31条1項）。

> **会社法31条（定款の備置き及び閲覧等）**
> 　…（…株式会社）は、定款を…（…その本店及び支店）に備え置かなければならない。

部長　じゃあ、次の質問。会社の本店は、どうやったら確認できるのかな？

ゆい　本店は定款と登記の両方に書いてありましたから、そこで確認できます！　でも部長、よく見ると、定款と登記では、本店の住所の記載の仕方が少し

違ったんです。登記のほうは細かい住所まで書いてあるのに、定款のほうは「京都市○○区」までしか書いてなくって。もしかして、定款を作った人が私みたいにちょっと大雑把な性格で手抜きしたのかしら？

部長 確かに石原君がちょっと大雑把なのは否定しないが、そんな理由からではない。会社法の条文をよく読むとわかるよ。これからも条文を読むことが大切になってくるから、少し細かいけどチェックしてみようか。さっき見た会社法27条3号と会社法911条3項3号を見てごらん。

ゆい ちょっと待ってください…。911条って会社法の最後のほうですね。

会社法911条（株式会社の設立の登記）

3　三　本店及び支店の<u>所在場所</u>

部長 会社法は全部で979条あるからね。あと、法務省令、具体的には会社法施行規則や会社計算規則に委任されている事項も多いので、われら法務部員としてはこれらを調べるケースも多くなってくるだろう。

ゆい はぁ、新年早々気が重いなぁ。

ところで部長、会社法27条3号と911条3項3号を両方確認したんですが、登記に関する911条3項3号のほうには「支店」が入っている点が違うぐらいで、あとは一緒なんじゃないですか？

部長　オイオイ、そんな読み方では法務部員失格だよ。よーく条文を見てごらん。定款については本店の「所在地」とされているのに対して、登記については本店の「所在場所」とされているだろう？

ゆい　あ、本当ですね！

部長　「所在地」の解釈については明治時代の古い通達があって、具体的な地番まで規定する必要はなく、最小行政区画単位（市区町村）により規定すればよいとされているんだ。だから、定款のほうは市区町村までしか書いていないんだよ。これに対して、「所在場所」は具体的な地番まで含むので、登記のほうは細かい番地まで記載されているんだ。

ゆい　「所在地」と「所在場所」でそんな違いがあるんですか！　会社法を作った人は細かいですねぇ。私、あんまり細かいこという人は好みのタイプじゃないな。

部長　君の好みのタイプじゃないとしても、法務部員ならこれからしっかり会社法とお付き合いしなさい。

ゆい　…はーい。

［ 昔は会社法が**な**かった!? ］

部長　登記の関係では、もう1つ押さえておいたほうがいいポイントがあるんだよ。登記の「目的」という欄を見てごらん。

ゆい えっと…TSC社の目的欄には、「日本茶関連商品および化粧品の広告」「日本茶関連商品および化粧品のマーケティング」と記載されています。

部長 そうだね。実は平成17年に現在の会社法が制定される前の旧商法時代は、紛らわしい商号（会社の名称）を排斥するため、同一市町村において他人が登記した商号について、同種の営業について登記することが禁止されていたんだ（旧商法19条）。これを類似商号規制という。

ゆい 今「旧商法時代」っておっしゃいましたか？何だか「旧石器時代」みたい。でも、何で「旧会社法時代」っていわないんですか？

部長 それは、昔は会社法がなかったからだよ。

ゆい ええっ？　会社法がなかったら、会社なんて作れないんじゃないですか？　でも、会社って私が生まれる前の時代からありましたよね？　一体、どうなっていたんでしょうか？

部長 現在の会社法が成立した平成17年は、まだ君も高校生ぐらいか…なら知らなくても仕方ないかもしれないなぁ。平成生まれの君との歳の差を感じるよ。実は、以前は「商法」という法律の中に株式会社に関する規定が置かれていたんだよ。「商法」は明治時代にできた法律だから、君にとってはそれこそ旧石器時代の法律みたいなものかもしれないね。

ゆい　そうだったんですね。新人類のワタクシ、全然知りませんでした。

部長　その「新人類」って言い方、昭和っぽいよ。そういう言葉を知っているぐらいなら、ちゃんと「商法」と「会社法」のつながりも知っておいてほしいところだね。

［ 類似商号の規制の撤廃 ］

部長　ところで、さっき説明しかけた類似商号の規制だけれど、実は会社法が制定された際に撤廃されている。だから、現在では、本店の所在場所の地番が1つ違えば、同じ商号で同じ事業目的の会社が存在しうるんだよ。

ゆい　それって、怖いですね。新しい会社と取引を開始するときにはきちんと確認をしておかないと、実は別の会社と取引してました、なんてことが起こりうるってことですね。

部長　そうなんだよ。だから、取引を開始するにあたっては、きちんと相手の会社の登記を確認することも大切だ。

［ 定款や登記は、誰がどうやって見ることができるの？ ］

部長 ところでさっき、登記されている内容は、どこ
で確認できるといった？

ゆい 法務局にいけば誰でも登記事項証明書の交付請
求ができます！

部長 法務局にいくしか方法がないかい？　別の方法
で登記の内容を確認することができないかな？

ゆい 当社も利用していますが、インターネットで登
記情報が確認できるサービスがありますよね。

部長 そうそう、それ。登記されている内容を確認する
だけだったら、会社にいながら確認できるので、とっ
ても便利だよね。じゃあ、定款のほうはどうだろう？

ゆい 会社の本店にいけば閲覧や謄本の交付請求がで
きるとして、インターネットで確認できるかどうか
はわかりません。

部長 ちょっと待った。会社の本店にいけば、誰でも
定款の閲覧などができるんだろうか？

ゆい うーん、その会社の根本規範ということから考
えると、ある程度誰でも閲覧等できたほうがいいと
思いますが…。あ、でも、その会社とまったく関係な
い人が閲覧にきたら困りますよね。例えば当社と何
の取引関係もないような人が本店にやってきて、「定
款見せて！」といわれたら、私だったら「何で？」っ

て聞き返してしまいます。

部長　その感覚が大切なポイントだね。会社法は、まさに石原君が指摘したような視点で、定款の閲覧や謄本の交付請求権について規定しているんだ。具体的には、会社と関係がある株主と債権者だけが定款の閲覧や謄本の交付請求ができることにしている。

ゆい　なるほど。それは合理的ですね。

部長　あと、株式を東京証券取引所に上場している会社（以下「上場会社」という）の定款は、東京証券取引所（以下「東証」という）のウェブサイトで確認することができるんだよ。

ゆい　へぇ〜。便利な時代ですねぇ。

部長　それと会社に備え置いてある定款の閲覧や謄本の交付請求ができる時間帯は「会社の営業時間内」と規定されているし、謄本の交付請求の場合には「会社が定めた費用を支払わなければならない」こともきちんと定められているんだ（法31条2項）。

会社法31条（定款の備置き及び閲覧等）

2　…（…その株主及び債権者）は、…（…その営業時間）内は、いつでも、次に掲げる請求をすることができる。ただし、第2号又は第4号に掲げる請求をするには、…（…当該株式会社）の定めた費用を支払わなければならない。

一　…当該書面の閲覧の請求

二　前号の書面の謄本又は抄本の交付の請求

ゆい　閲覧や謄本の交付請求ができる時間帯や費用のことまでちゃんと規定されているなんて、会社法って結構気が利いてますね！

部長　ついさっき、「会社法の条文が細かい！」って文句いってたかと思ったら、今度は会社法の好感度がアップしたみたいだね。この調子で会社法とのお付き合い、しっかり頑張ってくれたまえ。

ゆい　はい、頑張ります！

今回のポイント ———————

1　定款は、株式会社の事業目的や組織運営に関する根本事項を記載した書面で、会社の本店や支店に備え置く必要があります。会社法では、定款に定めることによって会社が自由に定めることができる事項（定款自治）の範囲が拡大されています。会社法に関わる問題を検討する際には、対象となる会社の定款をきちんと確認する姿勢が大切になります。

2　定款は、基本的にその会社に関係がある株主と債権者しか確認できませんが、上場会社については、日本取引所グループ東京証券取引所のウェブサイトにある「東証上場会社情報サービス」の中で確認することができます。

◉日本取引所グループ▶https://www.jpx.co.jp

3　登記は、取引先法人の本店所在地や役員構成等の最新の情報を入手する手段として有益なものです。登記情報提供サービス（有料）を利用すれば、登記所が保有する登記情報を、インターネットを利用してパソコンの画面上で確認できるので大変便利です（ただし、提供される登記情報に法的証明力はありません）。

●登記情報提供サービス▶https://www1.touki.or.jp

改正Column

支店の所在地における登記の廃止

　現行法では、会社は本店の所在地において登記をするほか、支店の所在地においても、①商号、②本店の所在場所、③支店（その所在地を管轄する登記所の管轄区域内にあるものに限る）の所在場所の登記が義務づけられています（現行法930条2項各号、改正法施行後、同条削除）。

　しかし、本書でもご紹介したとおり、現在では「登記情報提供サービス」により、簡易かつ迅速に本店登記簿における登記情報を入手することができるようになっており、支店所在地を管轄する登記所に本店登記事項と同じ情報をいちいち登記させる必要性が乏しくなっていました。一方で、支店の所在地における登記を怠った場合には過料の制裁が予定されており（法976条1号）、登記申請義務を負う者にとっては大きな負担となっていました。

　そこで、令和元年会社法改正により、支店の所在地における登記は廃止されることとなりました。なお、施行時期は、公布の日（令和元年12月11日）から3年6カ月を超えない範囲内において政令で定める日とされています。

（今から遡ること約半年前）
2014年8月下旬
―京都市内、某喫茶店にて―

　カウンターに並んで座る寺町美樹と伊達慎一の前では、白い上着を着用した喫茶店のベテランスタッフが凛（りん）とした姿勢で黙々と珈琲をドリップしている。コーヒーが運ばれてくる前に、伊達が話し出した。

「五山の送り火も終わったというのに、まだまだ暑い日が続きますねぇ。」
「本当に。」
「ところで、寺町さん。何かお悩みのことがあるのではないですか？　失礼ながら、先ほどの寺町さんの茶道のお手前、いつもと違う感じがしたのですが。」
「えっ、何かお感じになりましたか？」
「うーん、大したことではないのですが、いつも寺町さんの美しく流れるような茶道のお手前を私は惚（ほ）れ惚（ぼ）れして拝見させていただいているのですが、今日は少し乱れがあるといいますか…何か少し違う気がしまして。すみません。変なことを申しあげまして。」
「伊達さんは、よくご覧になっていますね。実はちょっ

と困ったことがありまして…」

「あの…よろしければ、お聞かせいただけませんか。何かお手伝いできることがあるかもしれませんので。」

　二人の前に、煎れたての珈琲が静かに差し出された。香ばしい香りが広がる。寺町は、珈琲の香りを楽しむかのようにしばらく黙っていた。

「…お聞きいただいてよろしいでしょうか。実は、今年、祇園祭の後祭の復活に合わせて、私が取締役を務めているティーシード・コンサルティング株式会社で、ティーシード製品をPRするイベントを開催したのです。」

「ええ、それは私もよく存じていますよ。寺町さんからご案内いただいて、私も足を運ばせていただきましたから。素晴らしいイベントで大盛況でしたね。」

「ありがとうございます。伊達さんがおっしゃるようにイベント自体は盛況だったのですが、当社がイベントの企画・運営を外注していた会社からスタッフの皆様への支払いができていないことが発覚しまして…」

「えっ！　それは大変な事態ですね。」

「当社からイベント会社への支払いは済んでいますので、すぐにでもスタッフの皆様へ支払いをしてもらいたいのですが、イベント会社と連絡がつきにくくなっ

てしまっているのです。私としては、スタッフの皆様
にご迷惑をおかけすることもできないので、もし今月
末までにイベント会社からの支払いの目処がつかなけ
れば、とりあえず私個人が立て替えてでもお支払いを
しようかと思い悩んでいるのです。」
「しかし、何も寺町さんが個人で立て替える必要はな
いのではありませんか？　ティーシード・コンサル
ティングが立て替えればよい話だと思うのですが？」
「実は、今回の外注先は、私がある方のご紹介により
見つけた会社なのです。しかし、社長の高倉は、『与信
情報が十分とれない。』といって、その会社に外注する
ことに反対していました。でも、イベントの開催が迫っ
ていて他の会社を探す余裕もなく、またご紹介を受け
た先であるという安心もあって、私の判断でこの会社
に外注したのです。それが、結局、こんな事態になっ
てしまって…。ですから、とても会社に立て替えを頼
めるような状況ではないのです。」
「そのようなご事情があったとは、心中お察しいたし
ます。ところで寺町さん、差し支えなければ、どの程
度の金額が問題になっているのかお聞かせいただけま
せんか。」

　寺町は、黙って珈琲を口に運んだ。砂糖とミルクが
たっぷり入った珈琲だったが、寺町にはいつもより苦

く感じられた。

「トータルすると300万円ぐらいでしょうか…ただ、私もすぐにまとまったお金が用意できるわけではありませんので、何とかイベント会社に連絡をつけて、同社から支払いをさせようと思っています。」

「結構な金額ですね。差し出がましいようですが、もしイベント会社からの支払いが進まなかった万一の場合には、私のほうで300万円用立てさせていただきましょうか。」

「伊達さんっ、何をおっしゃるのですか！　そのようなことをしていただくわけにはいきません。」

「もちろん、万一の場合、ということですよ。私も狭い京都で商いをする人間。何かあったらお互い様です。普段からお茶のお稽古でご一緒させていただいている寺町さんがお困りということであれば、喜んでお手伝いさせていただきますよ。」

「伊達さんのお気持ち、大変ありがたいです。ただ、この問題は、イベント会社から支払わせるのが筋ですから、最後まで頑張ってみます。」

株式の譲渡

株主は、自分が保有する株式を自由に譲渡することができるのが原則です。しかし、意外に思われるかもしれませんが、日本の多くの株式会社では、株式の譲渡に一定の制限がつけられています。

[株式譲渡自由の原則]

部長 さて、本題だ。社長から確認を求められている今回の書類。ここで寺町さんが求めている株式の譲渡承認に関して、定款や登記から何かわかったかな？

ゆい 定款の第7条に「当会社の発行する株式の譲渡による取得については、取締役会の承認を受けなければならない」と書いてありました。また、登記の「株式の譲渡制限に関する規定」という欄に同じ内容が記載されていました。

でも、株式って自由に売買できるものじゃないんですか？

部長 確かに君がいうとおり「株式譲渡自由の原則」といって、原則として株主は自由に株式を譲渡でき

ることが会社法によって保障されている(法127条)。

> **会社法127条　(株式の譲渡)**
> 株主は、その有する株式を譲渡することができる。

ゆい　では、なぜTSC社では、株式の譲渡について取締役会の承認を要求しているんですか？　これって、株主の立場から考えると迷惑な話だと思うんです。例えば、子どもの入学金などでお金が必要になって自分が保有している株式を譲渡したいと思っても、取締役会の承認を得られなければ売ることができないってことでしょう？　それって、株主がかわいそうですよ。

部長　確かに株主の立場から見た場合にはそうかもしれないが、よく考えてごらん。会社といっても上場会社はごく僅かで、世の中の大多数は中小規模の株式会社(以下「中小企業」という)だ。中小企業では、親族や友人知人などお互いの信頼関係がある限られた範囲の人が株主や取締役として会社に関わっているケースが多いんだよ。現にTSC社も当社の茶屋社長と社長の大学時代の友人である高倉さん、寺町さんの3人が中心になって設立した会社なんだ。こういう会社では、信頼関係がまったくない第三者が株主になると会社の運営がうまくいかなくなることもある。

ゆい　まぁ、確かに少人数の世界で信頼関係がない人が入ってくると、やりにくくなるでしょうねぇ。

部長　会社法は、そのような会社の利益に配慮している。具体的には、株式の譲渡に制限をつけること、すなわち取締役会などの機関の承認を要求するという制度を認めているんだ（法107条1項1号）。

会社法107条（株式の内容についての特別の定め）
　株式会社は、その発行する全部の株式の内容として次に掲げる事項を定めることができる。
一　譲渡による当該株式の取得について当該株式会社の承認を要すること。

ゆい　でも部長、もし株式の譲渡について取締役会の承認が得られなかったらどうなるんでしょうか？

私、TSC社の定款や登記を読んでみましたが、その辺りのことが何も書かれていないんですよ。結局、株式を売れない、ってことなんでしょうか？

もし株式をお金に換えられなかったら、子どもの入学金が支払えないかもしれないっていうのに、そんなのおかしくないですか!?

部長　おいおい、そんなに怒るなよ。確かにTSC社の定款や登記には何も書かれていないが、会社法は株主にちゃんと配慮した手続きを用意している。寺町さんからの書面に出てきている会社法138条の条文を調べてごらん。

［会社が株式譲渡を承認しない場合は どうなるの？］

> **会社法138条（譲渡等承認請求の方法）**
> 一　イ　当該請求をする株主が譲り渡そうとする譲渡制限株式の数（…）
> 　　ロ　イの譲渡制限株式を譲り受ける者の氏名又は名称
> 　　ハ　株式会社が第136条の承認をしない旨の決定をする場合において、<u>当該株式会社又は第140条第4項に規定する指定買取人</u>がイの譲渡制限株式を買い取ることを請求するときは、その旨

ゆい　何だかよくわからない条文ですね…イとかハとか…。私、胃が痛くなってきました。

部長　ははは。この条文をそのまま読んでもちょっとわかりにくいかもしれないな。極めて単純化していうと、会社が譲渡を承認しない場合には、①その会社自身が株式を買い取る方法と、②会社が指定する者が株式を買い取る方法とが用意されているということだよ。

ゆい　確かに会社自身や会社が指定する人が株式を買い取るのだったら、「会社と一定の信頼関係がある人に株主になってほしい」という会社の利益も実現できるし、株主の立場から見ても「株式をお金に換

える」っていう目的は達成できるから、なかなかうまい制度ですね。株主にしてみれば、誰に買ってもらってもお金に換えることができれば入学金も支払えるわけだし。…こんな難しい条文をすぐに読み解くなんて、部長すごい！

部長 このぐらいのこと当然だよ。

ゆい 優秀な部長に、もう1つ質問です！　会社が株式を買い取る場合の値段はいくらになるんですか？　例えば、株主は1株1万円で売るつもりだったとしても、会社から見ると「高すぎる、もっと安いはずだ」ということで値段が折り合わないこともあると思うんです。そんなとき、どうするんでしょうか？

部長 なかなかいい質問だね。今回、社長向けのレポートでは、TSC社の取締役会が譲渡を承認しないケースも想定して、その辺りの手続きもしっかりチェックが必要なポイントだ。

石原君、手に持っているその六法で、今度は会社法144条を調べて。

［ 株式の売買価格はどうやって**決**めるの？ ］

会社法144条（売買価格の決定）

　　…対象株式の売買価格は、株式会社と譲渡等承認請求者との協議によって定める。

2　株式会社又は譲渡等承認請求者は、第141条第1項の規定による通知があった日から20日以内に、<u>裁判所に対し、売買価格の決定の申立てをすることができる</u>。

3　裁判所は、前項の決定をするには、譲渡等承認請求の時における株式会社の資産状態その他一切の事情を考慮しなければならない。

　　　　　　　　　　　　：

5　<u>…第2項の期間内に同項の申立てがないとき</u>（当該期間内に第1項の協議が調った場合を除く。）は、<u>1株当たり純資産額に第140条第1項第2号の対象株式の数を乗じて得た額をもって当該対象株式の売買価格とする</u>。

ゆい　ええっと、整理すると…原則は、株式を売却しようとする株主と会社が協議をして決める。まぁ、でもこれは当たり前のことですよね。問題は協議が整わなかった場合ですけど、この場合には2つの解決方法が用意されています。

　1つ目の方法は、いずれかの当事者が裁判所に対して売買価格の決定の申立てをして、裁判所に決定してもらう方法ですね。そして、もう1つの方法は、…書いてあるコトバがちょっとわからないところが

あるんですが、要するに会社の「純資産額」っていう額から、機械的に計算して金額を決めるってことですよね。

部長 よしよし。おおむね、条文が読めているようだね。これなら安心だ。実は、株主から譲渡承認の請求を受けた会社は、早急に検討して株主に回答しないと、株式譲渡を承認したものとみなされてしまうんだ（法145条）。

> **会社法145条（株式会社が承認をしたとみなされる場合）**
>
> 　次に掲げる場合には、…承認をする旨の決定をしたものとみなす。…
> 　一　株式会社が…請求の日から２週間（…）以内に第139条第２項の規定による通知をしなかった場合

部長 株式の譲渡承認の手続きは結構複雑だけど、今のような君の条文読解力があれば大丈夫だな。早速、会社法136〜145条の条文を読み込んで、今日の午後３時までに社長向けのレポートをまとめてみてくれ！

ゆい えええっ!!　３時まで⁉　って、あと２時間しかないじゃないですか！

部長 石原君なら大丈夫！

ゆい やるっきゃないですね…頑張ります！

今回のポイント —————

1 　株主に投下資本の回収の機会を保証する観点から、会社法は、株式譲渡自由の原則を定めています（法127条）。もっとも、人的な信頼関係が大切な中小企業などで、信頼関係がない者が株主になることを防止したいというニーズがあります。そこで、会社法は、株式の譲渡に制限をつけることを認めています。実務上も、多くの中小企業では株式の譲渡制限を定めています。

2 　部長とゆいのやり取りでは出てきませんでしたが、株式の譲渡制限を行っていない会社を、会社法では「公開会社」といいます（法2条5号）。これに対して、株式の譲渡制限を行っている会社は、一般的に「非公開会社」と呼ばれています。会社法は、「非公開会社」に対して、より柔軟な運用を認めています。

3 　一方、「上場会社」とは株式を金融商品取引所に上場している会社をいいます。会社法で使われる「公開会社」という用語は、「上場会社」を意味する用語ではありませんので、会社法関係の文書を読む際には注意が必要です。

株式の譲渡承認手続の流れ

3

　ゆいがまとめた株式の譲渡承認手続に関するレポートを見ながら、株式の譲渡承認手続の流れを確認しましょう。

［ 株式の譲渡承認手続の**流れ** ］

部長　茶屋社長、昨日、ご指示がありましたTSC社の株式の譲渡承認に関して、今後の手続きの流れ、論点等をまとめましたのでご報告にあがりました。

社長　早速ありがとう。聞かせてもらおうか。

部長　じゃあ、石原君、社長にご説明して。

ゆい　えっ、私が!?　わ、わかりました！

　では、え〜と…チャート図にまとめてみましたので、これをご覧いただきながらご説明いたします。

（右図参照）

︙

社長　なるほど、よくわかった。今回の株式譲渡を承認するかどうかTSC社の取締役会で検討をして、その結果を２週間以内に寺町さんに通知しなければ、

ゆい's MEMO

〔譲渡承認を請求する者〕

株式の譲渡人（※寺町） or 株式の譲受人（※伊達）

（※どちらからでも請求できる）

〔会社側の対応〕

① 承認機関による決定

（※TSC社の場合……取締役会）

承認した場合 ┈┈┈┈┈→ みなし承認

2週間以内に
通知しなかったとき

承認しなかった場合

② 買取先指定請求の決定

会社が 買い取る場合	買取人を 指定する場合
※株主総会の特別決議	※取締役会の決議

通知しなか
ったとき ┈┈┈┈→ みなし承認

10日以内に通知

通知しなか
ったとき ┈┈┈┈→ みなし承認

40日以内に通知

寺町↔会社間で 売買契約が成立	寺町↔指定買取 人間で売買契約 が成立
※価格決定の申立て	

寺町→伊達の譲渡は対TSC社の関係
でも有効となり伊達が株主となる

譲渡を承認したとみなされてしまうわけだな。寺町さんからの請求書がTSC社に届いたのは1月7日だから、あまり時間がないね。早速、TSC社の高倉社長に連絡するとしよう。

ところで、1点教えてくれ。君もTSC社の登記を見てくれたと思うが、TSC社の取締役は、代表取締役である高倉さん、私、そして今回の譲渡承認請求をしてきた寺町さんの3名だ。このような場合、株式譲渡を認めるかどうかの取締役会での議論に寺町さんも参加できるものなのかな？　高倉さんと寺町さんは大学時代からの友人だから、本来腹を割って話ができる仲なんだが、どうも今回、寺町さんが株式を売りたいといってきたのにはいろいろ事情もありそうで、寺町さんがいるとちょっと話をしにくいところがあるんだが…。

［ 取締役会における**特**別利害関係人 ］

部長　石原君、お答えして。

ゆい　はい。取締役会の決議の公正を期すために、特別の利害関係を有する取締役は議決に加わることができないとされています（法369条2項）。一般的には株式の譲渡承認を求める際の譲渡人、譲受人いずれもが特別利害関係人に該当すると解されています

ので、寺町さんは取締役会の議決に参加できないと考えられます。

会社法369条（取締役会の決議）

　取締役会の決議は、議決に加わることができる取締役の過半数（これを上回る割合を定款で定めた場合にあっては、その割合以上）が出席し、その過半数（これを上回る割合を定款で定めた場合にあっては、その割合以上）をもって行う。
2　前項の決議について特別の利害関係を有する取締役は、議決に加わることができない。

社長　そうか、ありがとう。よく調べているね。それでは、今回のケースについては、高倉さんと私の2名で取締役会を開いて検討すればよいということだね。私個人としては、寺町さんは学生時代からの友人で信頼しているんだが、寺町さんが株式を譲り渡そうとしている相手の伊達慎一氏と私はまったく面識がない。少し気になって調べてみたんだが、どうも伊達氏にはあまりよくない噂もあるようだ。高倉さんがどんな意見を持っているか話をしてみないとわからないが、私としては伊達氏への譲渡を承認したくないというのが本音だ。

君のレポートによれば、寺町さんから買取請求がされているので、もし伊達氏への譲渡を承認しない場合は、寺町さんの株式を誰かが買い取らなければならないということだね。その際、TSC社自身がこれ

を買い取ることもできるというわけだね。

ゆい　そのとおりです。

今回のポイント ──────

1　株式の譲渡承認手続の流れは、会社法136〜
　　145条の条文をそのまま読むと難しく感じるかもし
　　れません。ゆいがまとめたチャート図を参考に大き
　　な流れを理解しておくとよいでしょう。

2　また、譲渡を承認するか否か、承認しない場合の
　　買取先を決定するためには、取締役会や株主総会の
　　決議が必要となる場合もあります。これらの決議を
　　適正に行うことも重要です。取締役会や株主総会に
　　ついての詳細は、第2章・第3章で検討します。

自己株式の取得

4

　株式譲渡を承認しない場合、その会社自身が株式を買い取るという選択が可能です。この場合、いわゆる自己株式の取得となり、会社法上、一定の規制を受けることになります。

[自己株式の取得規制とは？]

社長　石原君、TSC社自身が寺町さんから株式を買い取るという選択肢について、ちょっと気になることがあるんだ…TSC社自身がTSC社の株式を買い取るというのは、いわゆる「自己株式の取得」というやつになるんじゃないのか？

　実は以前、知り合いの社長から「自社の株式を取得しようとしたところ、やっかいな規制があって実現できなかった」という話を聞いたことがあるんだ。今回TSC社自身が株式を買い取ることにした場合、何か問題となる点はないのだろうか？

ゆい　先ほどのチャート図をご覧いただきたいのですが、会社自身が買い取ることを決定する場合には、

株主総会の特別決議が必要となります（法140条2項、309条2項1号）。それに加えて、社長がおっしゃるとおり自己株式の取得となると…確か取得する財源に一定の規制があったように記憶しているのですが…。申し訳ありません、現時点ではそこまで調査できていません。

社長 そうか。今回はあまり調査時間もなかったから仕方ないな。それでは、引き続き、TSC社自身が株式を取得する場合に問題となる点がないかを調査して、レポートにまとめてくれ！

ゆい わかりました。任せてください！

［「分配可能額」って何だ？］

ゆい あー、緊張したぁ。てっきり、部長が説明してくれると思っていたのに！　私に振るなんて、ひどいじゃないですか！

部長 はっはっは。前もっていっておけばよかったかな。ただ、君がまとめてくれたレポートは、なかなかよかったし、起案した石原君自身からの説明のほうが、社長もよく理解できると思ったんだよ。現に、社長から質問があった取締役会の特別利害関係人の辺りはしっかり説明できていたじゃないか。私も横で見ていたが、社長も君からの報告に満足されてい

たと思うよ。

ゆい　何だか、ごまかされているような…まぁ、いい
か。それより、自己株式の取得の点、さっき、学生時
代のあやふやな記憶で「取得する財源に関する規制
があった」というようなことをいってしまったんで
すが、間違ってませんよね？

部長　幸い、間違っていなかったよ。もし間違ってい
たら、私がその場ですぐに訂正していたよ。
ところで、石原君、自己株式の取得について、なぜ
財源に規制があるのか、何か記憶しているかな？

ゆい　えぇ〜っと…かなりあやふやな記憶ですが…確
か自己株式の買取代金として株主にお金を支払うこ
とは、結局、配当と同じような意味を持つので、無
制限にできるわけではない…その範囲は、会社法の
規定に基づいて算出される「配当してもよい金額の
範囲」に限られている…そんな理屈だったように思
います。

部長　何となくイメージはわかってるようだね。

ゆい　「配当してもよい金額の範囲」って、ほかに言い
方があったような…。

部長　君がいいたいのは「分配可能額」（法461条2項）
かな？

ゆい　そうそう、それです部長！　その「分配可能額」、
どうやって計算するんですか？

部長　はっきりいって、会社法や規則が規定する「分配可能額」の計算方法は複雑で難しい。今の段階で私と石原君が、高度な会社法の知識を披露して細かい話を展開しても、きっと読者が混乱するだけだろうから、この点は、今度詳しく話をすることにしようか。

ゆい　へ？　読者？　って何のことですか？　部長。そんなこといって、実はよくわからないんじゃないですか？

部長　な、何をいうんだい⁉　しかも読者なんていってないしっ…！　聞き間違いじゃないのかい？
　さて、すごく大雑把に考え方だけを説明しておくと、会社の債権者を保護する観点から、一定以上の資金が会社から流出しないように規制がかけられている。もし、その規制に反して資金流出させた場合には、取締役等がそれを補塡するという重い責任を負うことになる。この程度のことを押さえておくといいだろう。

ゆい　さすが、部長‼　分配可能額の説明が難しいことは何となくわかりました。でもそんな難しい内容をレポートでどうやって書けば…？

部長　そこが君の腕の見せどころだろう？

ゆい　えーっ！　次回の社長宛のレポートは部長が作成されたパーフェクトなものを拝見したいんですけ

ど…。

部長　おいおい、石原君。ついさっき社長に対して「任せてください！」って威勢のいいこといってたじゃないか！　頑張って、自分で取り組んでみなさい！

今回のポイント ───────

1　自己株式の取得は、①株主への出資の払戻しと同様の結果を生じること、②株主間に不平等が生じるおそれがあること、③会社支配の公正を害するおそれがあること等から、以前は原則として禁止されていました。

2　これに対して、会社法では、自己株式の取得手続に関する規制や取得財源の規制に従う限り、自由に自己株式を取得することを許容しています。なお、取得財源の説明のところで出てきた「分配可能額」については、第4章3節で扱います。

2014年9月上旬
―京都市内某所―

「やっぱり、振り込みはありませんでしたか…申し訳ありません。近日中に私のほうで何とかさせていただきます。もう少し、もう少しだけお待ちください。」

　寺町美樹は電話を切るとため息をついた。そしてそのまま手に持った携帯電話で連絡先を検索し始める。小さな画面に伊達慎一の携帯番号が表示された。しばらくじっとその画面を見つめる。もう夜の10時近くだというのに、寺町の耳には窓の外から入り込んでくるクマゼミの鳴き声がジリジリと鳴り響いていた。

「やっぱり、伊達さんにお願いするほかないわ。」

　意を決したように、寺町は発信ボタンを押した。手が少し震えていた。

「伊達さん、夜分にすいません、寺町です。」
「珍しいですね。寺町さんがこんな時間に電話してこられるなんて。どうかされたのですか？」

「実は先日お話しした件なのですが…」

「結局、イベント会社に支払わせることはできなかったのですか？」

「私の力不足です。」

「そんなに、気落ちなさらず。私がご協力させていただきますから。」

「お力を貸していただけますか？」

「もちろんです。ただ、寺町さんにお願いがあります。ご友人の寺町さんからのお頼みとはいえ、お金のことですから、きちんと返済期限はお約束いただけますか？」

「はい。年末までにはきちんとお返しさせていただきます。」

「年末となると3カ月ほど先ですね…寺町さんのことを信用しないわけではないのですが、担保といいますか、お約束の証として、ティーシード・コンサルティングの株をお預かりさせていただけませんか？」

　寺町は、あれほど耳に響いていたクマゼミの鳴き声が一瞬止んだような気がした。

「ティーシード・コンサルティングの株式ですか？上場会社でもありませんから、お預けしても担保になるようなものではないと思いますが…」

「寺町さん、あくまで、お約束の証としてお預かりさせていただきたい、ということです。年末までに寺町さんからお金をご返済いただければ、すぐに株はお返しいたしますから。」

「わかりました。今回、私から無理なお願いをしているわけですから。でも、確かティーシード・コンサルティングは株券を発行していないと思うので、伊達さんに株をお預けするということができないかもしれません。」

「その点は大丈夫です。私のほうで書類をご準備させていただきますので、寺町さんのご署名とご捺印だけお願いいたします。」

「わかりました。」

「では、お金はすぐに寺町さんのご指定の口座に振り込ませていただきます。また株のお預かりに関する書類にもサインをいただかないといけないので、明日にでもお会いしましょうか。」

「よろしくお願いします。」

　携帯電話を切ると、寺町の耳に再び窓の外からジリジリというクマゼミの鳴き声が入り込んできた。

株　券

　かつては、すべての株式会社に株券の発行が義務づけられていましたが、会社法では、株券を発行しない会社が原則とされています。そして、株券を発行しているか否かによって、株式譲渡の方法が異なります。

［ 株券を発行していない会社って 実は多い？ ］

部長　石原君。自己株式に関する調査のついでに、株券のことも整理してくれないかな。

ゆい　「株券」ですか？　整理といっても、株式の譲渡の際に、前の株主から新しい株主に株券を渡せばいいだけですよね？

> **会社法128条（株券発行会社の株式の譲渡）**
> 　株券発行会社の株式の譲渡は、当該株式に係る株券を交付しなければ、その効力を生じない。ただし、自己株式の処分による株式の譲渡については、この限りでない。

部長　確かに株券を発行している会社の株式譲渡は、

株券を交付しなければ効力を生じないものとされている（法128条１項）。でも、そもそも、すべての株式会社が株券って発行しているのかい？

ゆい　そういえば、少し前に上場会社の株券が電子化されたっていうニュースを聞いたことがあります。そうすると、上場会社は株券を発行していないわけですよね。でも、TSC社は上場会社じゃないですから、やっぱり株券を発行していると思います。

部長　確かに平成21年１月から上場会社の株券はすべて廃止され、電子化されている。その点については石原君の記憶で正解だ。けれど、上場会社以外の場合はもう少しきちんと確認が必要だな。会社法214条、215条を調べてごらん。

会社法214条（株券を発行する旨の定款の定め）

　株式会社は、その株式（…）に係る株券を発行する旨を定款で定めることができる。

会社法215条（株券の発行）

　株券発行会社は、株式を発行した日以後遅滞なく、当該株式に係る株券を発行しなければならない。

　　　　　　　　　　　　　　　⋮

4　前三項の規定にかかわらず、公開会社でない株券発行会社は、株主から請求がある時までは、これらの規定の株券を発行しないことができる。

ゆい へぇー、定款の定めがなければ、株券は発行されないんですね。

部長 そうなんだ。このように定款で株券を発行する旨を定めている会社を、会社法では「株券発行会社」と呼んでいる（法117条7項）。ちなみに、「株券発行会社」という定義は、会社法に関する基本的な定義がまとめられている2条ではなく、こんなところに条文があるんだ。会社法は、2条以外にもいろいろな条文で定義規定が置かれているので、条文を読むときに注意が必要だよ。

ゆい 全部、2条の定義規定にまとめてくれたらいいのに…。こういう回りくどいやり方をするのって、私の好みのタイプじゃないですぅ。

部長 まったく…。石原君の好みのタイプになるのは相当大変だな。ちなみに、株券発行会社である場合は、その旨の登記もされている（法911条3項10号）。だから、TSC社の登記を確認することによっても、株券発行会社かどうかがわかることになる。

ゆい なるほど。じゃあ、もう1回TSC社の登記を見てみますね…うーん、どこにも株券の発行について記載されていません…そうすると、TSC社は株券発行会社ではない、ってことですね。

部長 そのとおり。では、このように株券を発行していない会社の場合には、どうやって株式譲渡を行っ

たらよいのだろうか？

ゆい 株券を渡そうと思っても肝心の株券がないわけだから…そうすると、結局、株式の売主と買主との間できっちり契約書を作るぐらいしかできそうにないですね。

部長 君のいうとおり、株式を譲渡する当事者間で契約書をきっちり作成するということは当然大切になるね。でも、それだけでは不十分なんだ。いくら当事者間で契約をきちんと交わしても、株式を発行している会社に対しては、普通、そのような形で権利移転があった事実は伝わらないよ。

ゆい そうすると会社に対しても、株式譲渡の事実を伝える必要があるってことですね。

［株主名簿の名義書換えも必要だ！］

部長 そうだ。では、会社が株主を管理するためのツールとして、会社法では何があるか知っているかな？

ゆい 株主名簿があります。あぁそっか、株主名簿に新しい株主の名前をきちんと載せてもらうように手続きをすることも必要なんですね？

部長 正解！ すべての株式会社は、株主の氏名や住所を記載した株主名簿を作成することになっているんだ（法121条）。

> **会社法121条（株主名簿）**
>
> 　株式会社は、株主名簿を作成し、これに次に掲げる事項（…）を記載し、又は記録しなければならない。
> 　一　株主の氏名又は名称及び住所

部長　会社法では、株式を取得した者の氏名や住所を株主名簿に記載しなければ、株式譲渡の事実をその会社に対抗できないこととされている（法130条1項）。だから、株主名簿の名義書換えも大切な手続きということになるね。

> **会社法130条（株式の譲渡の対抗要件）**
>
> 　株式の譲渡は、その株式を取得した者の氏名又は名称及び住所を株主名簿に記載し、又は記録しなければ、株式会社その他の第三者に対抗することができない。

部長　じゃあ、株主名簿の名義書換えの手続きは、具体的にどのようにすればいいだろう？

ゆい　会社からすると、いきなり知らない人がやってきて、「自分は株式を譲り受けたから株主名簿に記載してほしい」と請求してきても、その人が本当に株式を譲り受けたのかどうかわかりませんよね？
　そうすると、元の株主が名義書換えの請求をするのでしょうか？

部長　惜しい！　会社法は、元の株主と株式を譲り受けた人とが共同して名義書換請求をすることを原則

としている（法133条2項）。ただし、株券を発行している会社の場合は、株式を譲り受けた人は、株券を会社に提示すれば単独で名義書換請求ができる（会社規則22条2項1号）。どうして、単独で請求できるんだと思う？

ゆい　普通に考えたら「株券を持っている人が権利者だ」っていうことがわかるからだと思いますが。

部長　まぁ、大体そういうことだが、法務部員ならもうちょっとカッコよく説明してほしいもんだなぁ。会社法131条1項を調べてごらん。

ゆい　ちょっと待ってください。あ、見つけました。

> **会社法131条（権利の推定等）**
> 　　株券の占有者は、当該株券に係る株式についての権利を適法に有するものと推定する。

ゆい　じゃあ、もうちょっとカッコよく説明しますね。「株券を占有している人は、適法な権利者だと推定されるからです！」いかがですか？

部長　いいだろう。それでこそ法務部員だ！

今回のポイント

1　株券発行会社と株券不発行会社では、株式譲渡や株主名簿の名義書換手続の方法が異なります。特に、

株券発行会社の場合、株券を交付しなければ株式譲渡の効力が生じないことに注意が必要です。

2　株券発行会社か株券不発行会社であるかの判別は、株券が現実に発行されているかどうか、という点だけで判断することは危険です。法的には株券発行会社であるにもかかわらず、現実には株券を発行していない会社が多数存在しているからです（法215条4項）。現実に株券が発行されていなかったとしても、その会社が会社法上の株券発行会社であった場合には、株式譲渡をするために株券を発行した上でこれを交付するという作業が必要になります。

3　株券不発行会社については、株主名簿の名義書換えが重要となります。株主名簿のイメージは以下のようなものです。

株 主 名 簿

ティーシード・コンサルティング株式会社
20××年○月○日現在

株主の氏名 または名称	住　所	株式数	取得日

「株主名簿」と「株主リスト」

　本書第1章でも取り上げたとおり、株式会社の本店所在地や取締役等の一定事項について情報提供を行う重要なツールが「登記」です。例えば、株主総会で取締役を選任した場合には、その決議に基づいて「取締役」の就任（重任）登記を行う必要があります。

　会社法の規定による登記手続等に関しては、商業登記法が具体的に定めていますが、商業登記規則の改正（平成28年4月20日法務省令第32号）により、平成28年10月1日以降、登記すべき事項について株主総会決議や株主全員の同意が必要となる場合の株式会社の登記申請については、添付書面として「株主リスト」を提出することが義務づけられました（商業登記規則61条2項、3項）。株主総会議事録などを偽造して虚偽の役員変更登記がなされる等の違法行為を防止し、商業登記の真実性の担保を強化するための措置の1つです。

　具体的には、登記すべき事項につき株主総会の決議を要する場合については、

- 議決権数上位10名の株主
- 議決権割合が3分の2に達するまでの株主（議決権割合の多い者から加算）

のいずれか少ない方の株主について、次の事項を記載した「株主リスト」を代表取締役等の会社代表者の名義で作成して添付することになります（商業登記規則61条3項）。

① 　株主の氏名または名称
② 　住所
③ 　株式数
④ 　議決権数
⑤ 　議決権割合

　この「株主リスト」は、前述の「株主名簿」と似ていますが、記載内容が異なります（株主名簿では、④議決権数や⑤議決権割合の記載は要求されていません）。したがって、「株主名簿」は、登記申請の際の添付書類とすることができず、別途、「株主リスト」を作成する必要があります。

第2章

株主総会以外の
機関

2015年1月9日
―静岡市内、株式会社ティーシード社長室にて―

「もしもし、高倉さん？　ティーシードの茶屋です。このあいだ高倉さんから送ってもらった書類、うちの会社の法務部員に早速検討させたんだ。レポートも上がってきたので、一度話をしないか。電話でもいいけど、今回の件、直に高倉さんに会って話をしたほうがいいと思うんだ。」

「ありがとう。実は俺も茶屋さんと直接会って話をしたいと思っていたんだよ。急だけれど明日からの3連休中に、京都にくることはできないか？」

「まぁ、美味しい食事もあるし、僕は京都にいくことは全然構わないけどさ、京都だと寺町さんと顔を合わすことにならないかな？」

「去年の秋に茶屋さんといった日本料理店あるだろう？　あそこなら、人目につきにくいし、ゆっくり話ができると思うよ。せめて、美味しいものでも食べながら話をしようじゃないか。」

「了解。」

「……ちなみに最近の寺町さんの様子は、どんな感じなんだい？」

「茶屋さんも知ってのとおり、彼女は打ち合わせなどで全国を飛び回っているだろう？　だから、あの書面が届いた後、まだ顔を合わせていないんだ。仕事の報告はメールベースで届いているけど、文面は至って普通だよ。」

「大事な問題だし、まずはメールでもいいから彼女に問い合わせてみたらどうだい？」

「俺もメールには書いてみたんだよ。けれど、彼女はその点について何も触れてこないんだ。」

「ふーん、そうなのか。何かちょっと変だよなぁ。まあ、いずれにせよこの週末にじっくり相談しよう。」

電話を切ると茶屋はしばらくの間、社長室の窓から遠くを見つめていた。

機関設計

1

　旧商法時代には、株式会社の機関設計の基本的パ
ターンは、株主総会、取締役会、監査役が設置されて
いるというものでしたが、会社法では、株式会社の機
関設計がかなり自由化され、各社の事情に応じた機関
設計が選択できるようになっています。さらに平成26
年会社法改正により、新たに監査等委員会設置会社と
いう機関設計が創設され、株式会社には今まで以上に
多くの機関設計が認められることになりました。ここ
では、機関設計の概要を確認しましょう。

［ 株式会社って、そもそも何だろう？ ］

部長　石原君、例のTSC社の件で、再び社長から相談
　があった。今週末に社長と高倉さんが会って話をさ
　れるそうだ。茶屋社長としては、TSC株を伊達氏に
　譲渡することを会社としては承認せず、TSC社自身
　が買い取るという方向で対応する腹積もりらしい。
　ただ、寺町さんが株式を譲渡しようとしていた相手
　の伊達さんはちょっと気をつけておいたほうがいい

人のようで、万一、TSC 社の対応に不備があったら、いろいろと難癖をつけてくることがあるのではと心配されている。だからこそ、手続きを完璧に遂行できるように準備を進めておいてほしいというのが社長の意向だ。そこで、私たち法務部員がそのバックアップをすることになった。

ゆい　これぞ私たちの腕の見せどころですね！　頑張ります。

部長　よし。早速、手続きを確認していこう。先日の君のレポートをベースにすると、まず検討すべき点は取締役会に関する手続きだと思うんだが、完璧に手続きを遂行するためには基本が肝心だ。まず、株式会社における取締役会の位置づけを知るために、そもそも、株式会社っていうのはどんなものかをおさらいしておこう。石原君、コロンブスぐらいもちろん知っているよね？

ゆい　はっ？　コロンブスですか。新大陸を発見した探検家ですね。部長、いきなり何ですか？

部長　株式会社というものをざっくり理解するために、コロンブスの話を例えに考えてみようと思うんだ。

ゆい　うわぁー歴史好きの部長っぽい発想！　でも何か面白そう。よろしくお願いします！

部長　コロンブスは新大陸発見の航海に出たいと考えていた。でも、彼にはその航海を実現するための資

金がない。そこで、コロンブスは、新大陸を発見した際には、その利益を還元することを約束し、いろいろなところに資金提供を求めていた。でも、なかなか支援の手は伸びてこない。彼は悩んだ。

ゆい　かわいそうなコロンブス。

部長　しかし、コロンブスは諦めなかった。航海への熱い情熱を持ち続けたんだ。そして、ようやくスペイン女王イサベルⅠ世から資金提供してもらうことになった。

ゆい　やったね、コロンブス。

部長　ただし、女王は、自分が提供した資金をコロンブスが、ちゃんと航海という目的に使っているのかどうか、見張っておくためにお目付役を派遣して船に乗り込ませることにした。

ゆい　女王は結構シビアですね。

部長　苦難の航海の果てに、幸運にもコロンブスは新大陸を発見した。そして、彼は無事に帰国し、航海の成果を女王に報告し、大いなる名誉を得た。そして、スペイン女王イサベルⅠ世はコロンブスの発見した新大陸での大きな利権を享受した。

ゆい　めでたし、めでたし。

部長　さぁ、今の話を株式会社に当てはめてみよう。

ゆい　えぇ～今の話が株式会社に当てはまるんですか？

部長　ぴったり当てはまるんだよ！　経済社会という
　　海へ航海に出る船が「株式会社」だ。船頭であるコ
　　ロンブスは「取締役」、お金を出したスペイン女王イ
　　サベルⅠ世は「株主」であり、女王の指示を受けて
　　船に乗り込んだお目付役が「監査役」というワケだ。

女王が派遣した
お目付役
（監査役）

コロンブス
（取締役）

女王 イサベルⅠ世
（株主）

株式会社

経済社会

ゆい　ふむふむ。

部長　そして、例えば女王は船が事故を起こしたり、
　　また船が沈んだとしても自分が出したお金がパーに
　　なるだけで、それ以上の責任を負うことはない。こ
　　れが株主有限責任の原則だ（法104条）。

> **会社法104条（株主の責任）**
> 　株主の責任は、その有する株式の引受価額を限度と
> する。

ゆい　なーるほど。

部長　こういうイメージを持ったほうがよくわかるだ
ろう？　そして、同じ話の延長でいくと…女王なら
１人で資金提供できても、皆がそんなにお金を出せ
るわけではないかもしれない。また、より多くのお
金を集めようとすると、ほかの貴族等からもお金を
提供してもらう必要も出てくるかもしれない。そう
いった状態になると女王や貴族、すなわち株主同士
の間で、「誰に株式会社という船の舵取りを任せる
のか」、つまり「誰を取締役に選任するのがよいのか」
とか、「株式会社が産み出した利益をどのように分
配したり利用したりするのか」といったような点に
ついて、株主間の意見の調整が必要になってくる。
そのための場が「株主総会」ということになる。こ
ういった流れで考えると、株主総会の場ではお金を
たくさん出している人が発言権が強い、すなわち、
議決権数が多い、っていうことになる。

ゆい　そりゃそうですよね。お金をたくさん出してい
る人が最もリスキーなわけですもんね。

部長　そのとおり。そして、株式会社という船も、あ
る程度の大きさになると何人もの船乗りがお互い役
割分担をして大きな船を操船する必要性が出てくる。
すなわち取締役の人数が複数になってくるというこ
とだ。そして、取締役によって構成される会議体が

「取締役会」だ。このように株式会社という船には、いろいろな役割の機関が存在するんだけれど、現在の会社法では、株式会社に必ず設置しなければならないことにしているのは、「株主総会」と「取締役1人」だけなんだ。

ゆい　取締役会や監査役は必ず必要、ってわけじゃないんですね。

部長　そうなんだ。株式会社といってもさまざまな大きさで事業を展開することが考えられるだろう？

小さな船なら舵取りをする取締役も1人で十分だろうし、わざわざお目付役である監査役を置かなくても株主自身でもチェックできるだろう。そんな場合にまで取締役会や監査役の設置を法が強制するというのは過剰規制だ、という発想だね。

ゆい　その株式会社に応じた規模で会社の機関設計ができるってことですね。

部長　そのとおり。旧商法時代に比べると相当自由度が増しているんだよ。一方で、会社の規模が大きくなると、お目付役である監査役1人ではとてもチェックし切れなくなる。そこで、会社法では、大会社について監査役会や会計監査人の設置を義務づけるなど規制を強化している場合もあるんだ（法328条1項）。

ゆい　なるほど。

部長　ちなみに大会社って何だか知ってる？

ゆい　大きな会社のことなんじゃないですか？

部長　それって、読んだままじゃないか…あきれるよ。ちゃんと条文で定義を確認しなさい。

ゆい　は〜い！

会社法2条（定義）

六　大会社　次に掲げる要件のいずれかに該当する株式会社をいう。

イ　最終事業年度に係る貸借対照表（…）に資本金として計上した額が5億円以上であること。

ロ　最終事業年度に係る貸借対照表の負債の部に計上した額の合計額が200億円以上であること。

ゆい　資本金の額や負債の額によって、大会社かどうかを判断するわけですね。

部長　ちなみに旧商法の時代には小会社という概念もあったが、会社法では廃止されている。

ゆい　へぇ、昔は小会社ってのもあったんですね。でも、大会社っていったら何かカッコいいですけど、小会社というのはちょっと寂しいネーミングですね。

部長　まぁ、あくまで旧商法時代の用語だからね。株式会社は営利を目的としている集団、すなわち利益を上げてそれを出資者である株主に還元することを目的としているので、きちんとお金の処理がなされていることがとても大切だ。会社の規模が小さいときには、経理処理もそれほど難しくないしボリュー

ムもないので、株主自身あるいは監査役が確認することで対応可能なんだが、会社の規模が大きくなるにつれて会社の経理処理も大変複雑になり、専門家の目線でチェックしなければ、その内容が適正かどうかを判断できなくなってくる。そこで、会社法では会計の専門家によってチェックさせることにしているんだ。その役割を担っているのが会計監査人だよ。

ゆい　あぁ！　だから、会計監査人を置く必要があるのは会社の事業規模が大きいと考えられる大会社とされているんですね。

部長　Exactly !

ゆい　…部長、大好きな歴史の話でテンション上がってますね。

［ 監査等委員会設置会社 と 指名委員会等設置会社 ］

ゆい　でも、部長、ちょっといいですか？　世の中には「委員会設置会社」っていうのがあると聞いたことがあるんですけど、今までの話の流れでは「委員会」というような存在は、全然出てこなかったですよね？

部長　うむ。

ゆい「うむ」、じゃなくてちゃんと説明してください‼

部長　確かに全然出てこなかった。実は「委員会」を

置くような株式会社の機関設計は比較的新しいスタイルなんだよ。旧商法時代に「委員会等設置会社」という制度が新設されたんだが、上場会社、中小企業いずれについてもほとんど利用されていないのが実情だ。だから、株式会社の機関設計としては、今まで説明したような取締役会と監査役・監査役会を置くパターンをきちんと理解しておけば基本的に十分だと思うよ。ただ、平成26年会社法改正で「監査等委員会設置会社」という機関設計が新たに創設されたんだ。この機関設計は今後普及が進む可能性もあるから、ごく簡単に触れておこうか。

ゆい　「監査等委員会設置会社」とか「委員会等設置会社」は、「等」の入る位置も微妙に違って、結構難しそうなので、ごくカンタンにお願いします‼

部長　じゃあ、ごくカンタンに説明しよう。実は、取締役会では取締役が相互に監督することになっているんだけど、これがなかなかうまく機能していない、という意見がある。

ゆい　それは、どうしてですか？

部長　一般的な中小企業をイメージしてごらん？　例えば、当社のことを念頭に置いて考えてもいいよ。代表取締役はずっと昔から同じ人がやっていて、他の取締役は代表取締役の親族とか、従業員として頑張ってきた人が就任する、というパターンが多いん

だ。このように社長の親族や、今まで従業員として
やってきた人が取締役になったからといって、社長
や他の取締役をきちんと監督できると思うかい？

ゆい　そういわれればそうですね。私が出世して取締
役になったとしても、とても社長の監督なんてでき
そうにないです。

部長　…石原君なら、遠慮なく監督しそうだけどね。
それはさておき、このような状態であっても、社長
がきちんと会社を経営して業績を上げていれば特に
問題があるとはいわれなかっただろう。でも、君も
知ってのとおり日本経済はバブル経済崩壊後、長い
間低迷していた。そこで、取締役会を活性化させて
会社をきちんと経営させれば経済発展に役立つので
はないか、という考え方が出てきた。

ゆい　取締役会が活性化したら、経済発展に役立つん
ですかねぇ。

部長　そういうことが期待された、ということだよ。
そういった流れの中で、平成14年の旧商法の改正の
際に導入されたのが「委員会等設置会社」という制
度なんだ。ちなみに、この「委員会等設置会社」が会
社法制定時に「委員会設置会社」へと名称変更され、
さらに平成26年会社法改正により現在は「指名委員
会等設置会社」へと名称変更されているんだ。

名称変更の流れ

委員会<u>等</u>設置会社

↓

委員会設置会社

↓

<u>指名</u>委員会<u>等</u>設置会社

ゆい　…ややこしすぎです。全然カンタンな説明じゃ
　　　ないですよ。

部長　この指名委員会等設置会社制度では、取締役会
　　　のほかに、①取締役候補の人選をする「指名委員会」、
　　　②業務執行の監査をする「監査委員会」、③取締役な
　　　どの報酬を決める「報酬委員会」という３つの委員
　　　会が設置されるんだが、重要なポイントは、各委員
　　　会のメンバーの過半数が社外取締役で構成されると
　　　いう点だ（法400条３項）。

ゆい　そういえば、最近もニュースで「社外取締役」
　　　という言葉をよく聞きますね。けど、社外取締役が
　　　いると何かいいことがあるんですか？

部長　「何かいいことがある」といえるかどうかは見る
　　　人の立場によって違ってくるだろうね。少なくとも
　　　会社や経営者とのしがらみが少ない外部の人が意見
　　　を述べることによって、経営者の独善的な会社経営
　　　には一定の歯止めがかかるといえるだろうね。でも、

逆に人事や報酬を決定する権限を外部メンバーに握られてしまうことが嫌がられてもいるんだ。つまり、経営者の立場からは「何もよいことがない」と見えたんだろう。結局、委員会を設置するタイプの機関設計を採用している会社はほとんどないというのが現状なんだよ。

ゆい　せっかく新しい制度が作られたのにもったいないですねぇ。ところで、平成26年会社法改正で導入された「監査等委員会設置会社」は「指名委員会等設置会社」とどう違うんですか？　先ほど部長は「普及が進む可能性もある」とおっしゃっていたと思うんですが、今のお話だと委員会を置くタイプの会社は経営者にはあんまり好まれないような気もするんですよねぇ。

部長　確かに「今後普及が進む可能性」というのはあくまで可能性の話だよ。ただ、「監査等委員会設置会社」は、さっき説明した 3 つの委員会の中で「監査委員会」だけを設置するようなタイプなんだ。つまり、経営者が掌握しておきたいと考えている人事や報酬の決定権限はそのまま取締役会に残されていることになるので、経営者からすると抵抗が少ないかもしれない。

ゆい　でも、「監査等委員会」は業務執行を監査する委員会なんですよね？　そこのメンバーの過半数が社

外取締役になったとしても、それって、今までの監査役会と何が違うんでしょうか。人事や報酬という大事な部分について権限移譲しないというのは、私にしたら何となく中途半端な制度のような気がします。どうせ委員会を置く会社にするのならば、3つの委員会を設置する会社にするぐらい思い切りがいいほうが私のタイプだなぁ。

部長　「監査役会」と「監査等委員会」の大きな違いがあるとすれば、「監査役会」の構成メンバーは監査役だから取締役会の議決権がないけれど、「監査等委員会」の構成メンバーは取締役だから取締役会の議決権がある、という点だろうね。ただ、監査等委員会設置会社は、今まであった監査役会設置会社と委員会設置会社の折衷的なタイプといえるから、君がいうように見方によっては中途半端な印象があるのかもしれない。

ゆい　やっぱり、部長もそう思います？

部長　ただ、平成26年会社法改正で義務づけされなかったとはいえ、上場会社は、社外取締役の導入が事実上強制されているような状態にあるんだ。また、コーポレートガバナンス・コード（平成27年3月公表）が適用される会社では、より進んで複数の社外取締役の導入も求められている。そこで、複数の社外取締役を導入した後の会社の統治形態として、新

しい機関設計である「監査等委員会設置会社」が注目されているんだ。まぁ、法務部員としては、今後このような機関設計が普及するのかどうか、注視しておいたほうがいいだろうね。

ゆい　わかりました！　でも私的には、中途半端なタイプが増えるのはあんまりうれしくないですね。人生、思い切りが大事でしょ！

部長　ははは、名言だね。

今回のポイント

1　会社法では、株式会社の機関設計が柔軟化され、選択肢が広がっています。もっとも、今なお取締役会と監査役を置くパターンが基本的ですので、まずこの機関設計をきちんと理解しておくことが大切です。

2　平成26年会社法改正では「監査等委員会設置会社」という新しい機関設計が導入されました。この機関設計が普及するかどうかは未知数ですが、今しばらくニュースでも取り上げられることが多いと思いますので、この機関設計の特徴を整理した表を次頁に示しておきます。

監査役会、監査等委員会、監査委員会の比較

	監査役会 (監査役会設置会社)	監査等委員会 (監査等委員会設置会社)	監査委員会 (指名委員会等設置会社)
構　成	3名以上の監査役 半数以上は社外監査役	3名以上の取締役 (監査委員) 過半数は社外取締役	3名以上の取締役 (監査委員) 過半数は社外取締役
常勤者の要否	必要	不要	不要
取締役会での 議決権	なし	あり	あり
選　任	株主総会で選任	株主総会で選任 (監査等委員以外の 取締役とは区別)	株主総会で選任された取締役の中から、取締役会で選定
任　期	4年（短縮不可、非公開会社は10年まで伸長可）	2年（短縮不可。監査等委員以外の取締役は1年）	1年
解任・解職	株主総会の特別決議	株主総会の特別決議	取締役会決議（監査委員としての地位の解職） 株主総会の普通決議（取締役としての地位の解任）
監査の範囲	適法性監査	妥当性監査・適法性監査	妥当性監査・適法性監査
想定されている 監査の方法	独任制（報告徴収・調査権限は各監査役にある）各監査役が自ら実査	内部統制システムを利用した組織的監査	内部統制システムを利用した組織的監査
報　酬	定款の定めまたは株主総会決議	定款の定めまたは株主総会決議（監査等委員以外の取締役とは区別）	報酬委員会の決定
株主総会における、他の取締役の選解任 報酬等に関する意見陳述権	なし	あり	なし

社外取締役の設置義務

　本書78頁での部長の説明にあるように、平成26年会社法改正では、社外取締役の設置は義務づけられませんでした。しかし、同改正の附則において、改正法の施行後2年経過後、社外取締役の選任状況その他の社会経済情勢の変化等を勘案し、企業統治に係る制度の在り方について検討を加え、必要があると認めるときは、社外取締役を置くことの義務づけ等の措置を講ずるものとされていました。

　本書で部長が紹介している「コーポレートガバナンス・コード（平成27年3月公表）」は、平成30年6月に改訂が加えられ、上場会社の業種・規模・事業特性等を勘案し、必要に応じて3分の1以上の十分な人数の独立社外取締役の選任が求められるに至っています。

　実際に、令和元（2019）年8月の時点で2人以上の独立社外取締役がいる東証一部上場企業は93%[注]に達しています。

　このような状況を踏まえ、令和元年会社法改正にあたり、上場会社に社外取締役の設置義務が課されるに至りました。今後は、社外取締役の人数ではなく、その独立性や多様性、そして実質的に機能しているか否かが問われることになると思われます。

（注）参考：「東証上場会社における独立社外取締役の選任状況及び指名委員会・報酬委員会の設置状況」（2019年8月1日　東京証券取引所）

取締役

　株式会社には必ず1人以上の取締役を置かなければなりません。ここではまず、株式会社における取締役の員数や任期、選任・解任の方法などの基本的事項を確認しましょう。

［ 会社には取締役が**何**人いるの？ ］

部長　株式会社全体のイメージもつかめたと思うし、今度は取締役会や株主総会の手続きについて確認していこうか。以前に石原君が報告してくれた内容の確認になるんだが、TSC社の場合、株式の譲渡を承認するかどうかを取締役会で決める必要があったね。

ゆい　そうです。

部長　では、取締役会の構成メンバーは知っているかな？

ゆい　取締役会は、その会社のすべての取締役で組織されることになっています（法362条1項）。

> **会社法362条 (取締役会の権限等)**
> 取締役会は、すべての取締役で組織する。

部長　すべての取締役というが、そもそも、株式会社には一体何人の取締役が必要で、会社法はどのように定めているかな？

ゆい　取締役会設置会社においては、取締役は 3 人以上必要です (法331条 5 項)。

> **会社法331条 (取締役の資格等)**
> 5　取締役会設置会社においては、取締役は、3 人以上でなければならない。

部長　取締役の人数に上限はないのかな？

ゆい　会社法の条文では特に上限の定めはないみたいですね…私、条文を見落としているのかな？

部長　大丈夫だよ。会社法は上限については特に定めていない。ただし、会社によっては、定款で取締役の人数について上限を定めている場合がある。このような定款の定めは会社法に根拠があるわけではないので…

ゆい　あっ！　前に出てきた定款の任意的記載事項ってやつですね！

部長　そのとおりだ。君にしてはよくわかっているじゃないか。

ゆい ちゃんと覚えていることを部長にアピールして
おかないと。

でもわざわざ人数を制限している会社ってあるんで
しょうか？　TSC社の定款はどうなっていたかな…
定款の第20条に「取締役は、３名以上５名以内とす
る」って書いてありますね！

部長 そうだね。例えば、すでに３名の取締役がいる会
社の株式を50％以上取得した株主がいたとしよう。
その株主の提案によって新たに４名の取締役が追加
で選任されると、取締役会の構成員は７名になって、
新たに選任された４名が過半数を占めるという事態
が起こってしまう。この点、取締役の上限を５名と定
めておけば、先に定款変更をしないとあと４名も取
締役を選任できないことになる。定款変更には株主
総会の特別決議、すなわち３分の２以上の賛成が必
要なので（法309条２項11号）、その意味で一定の歯止
めとして機能し得るんだ。

ゆい 取締役の人数の上限設定という定めにも、意外
と深い意味があるんですね。勉強になりました！

［ 取締役の**任**期 ］

部長 じゃあ、TSC社に当てはめて考えてみようか。
TSC社の現在の取締役は誰になるかな？

ゆい　登記を見ると、高倉さん、寺町さん、当社の茶屋社長の３名が取締役として登記されているので、この３人が取締役会の構成員になると思います。

部長　基本的にはそれで間違いないだろう。ただ、法務部員としては「登記されている人が現在も取締役の地位にあるのか」という点まで踏み込んで確認しておきたいところだ。特に中小企業の場合は、きちんと任期ごとに取締役の選任や重任の登記がなされていない会社も少なからず存在するから注意が必要だ。まず、取締役の任期について、会社法はどのように定めていたかな。

ゆい　確か会社法制定の際に規律が見直されたところでしたね…ちょっと条文を再確認します！

会社法332条（取締役の任期）
　　取締役の任期は、選任後２年以内に終了する事業年度のうち最終のものに関する定時株主総会の終結の時までとする。ただし、定款又は株主総会の決議によって、その任期を短縮することを妨げない。
　２　前項の規定は、公開会社でない株式会社（…）において、定款によって、同項の任期を選任後10年以内に終了する事業年度のうち最終のものに関する定時株主総会の終結の時まで伸長することを妨げない。

ゆい　結局、取締役の任期は原則として２年だけど、すべての会社において定款または株主総会決議によって任期を２年よりも短くできるんですね。一方、

任期を長くすることができるのは非公開会社の場合だけ。非公開会社は定款に定めることによって取締役の任期を最長10年にできます。10年って長いですね。10年たったら私も35歳！

部長 10年後は石原君がもうちょっと落ち着いてくれていることを願うよ。

ゆい 部長、ひどーい。

部長 冗談冗談。それより、TSC社の定款で取締役の任期を確認してごらん？

ゆい ありました！ 定款第22条ですね。取締役の任期は5年と記載されています。TSC社は非公開会社だから、定款に定めることによって任期を伸長できるんですね！

部長 そうだな。非公開会社では、株主と経営者である取締役が共通していて、同じ人がある程度の長期間にわたってその会社の取締役を続けるというケースも多いので、会社法も任期を伸長することを認めているんだ。

ゆい なるほど。

部長 逆に、上場会社の場合は取締役の任期を1年に短縮しているケースが多いことを知っているかい？

ゆい なぜでしょうか？ そういえば最近、ニュースで「会社のガバナンス」っていうのがテーマに取り上げられていますが、それって取締役の任期にも関

係した議論でしょうか?

部長　確かに広い意味では会社のガバナンスの在り方、ということもできると思うが、それ以外の大きな理由があるんだよ。それは、剰余金の配当を「株主総会」ではなく「取締役会」で決定できるという仕組み(定款の定め)を導入するためには、取締役の任期を 1 年に短縮しなければならない、ってことなんだ(法459条 1 項)。まぁ、今はこの点はあまり関係がないので、詳しくは別の機会にしよう(本書 4 章 3 節)。ちなみに、TSC社の取締役がいつ選任されたのかはどうやって確認できるかな?

ゆい　登記を見れば確認できます。就任日(重任日)や退任日が登記されています。

［ 取締役の選任・解任 ］

部長　よし、じゃあ、念のため、取締役の選任・解任手続についても確認しておこうか。

ゆい　はい。取締役は株主総会の決議によって選任(法329条 1 項)や解任(法339条 1 項)ができます。

部長　その株主総会決議だが、選任と解任の決議要件は同じなのかな?

ゆい　どちらも普通決議ではないんですか?

> **会社法329条 (選任)**
>
> 　役員 (取締役、会計参与及び監査役をいう。…) 及び会計監査人は、<u>株主総会の決議によって選任</u>する。

> **会社法339条 (解任)**
>
> 　役員及び会計監査人は、<u>いつでも、株主総会の決議によって解任することができる。</u>
> 2　前項の規定により解任された者は、その解任について正当な理由がある場合を除き、株式会社に対し、<u>解任によって生じた損害の賠償を請求することができる。</u>

部長　基本的にはどちらも普通決議だ。ただし、会社法が制定される前は、取締役の解任には特別決議が必要とされていたんだよ (旧商法257条2項)。そのこともあって、今でも定款の定めによって、取締役の解任については特別決議を要求している会社もあるので注意が必要だ。

　ちなみに、監査役の解任については旧商法の時代から会社法が制定された後も一貫して特別決議が要求されている (法309条2項7号)。

ゆい　定款の確認って本当に大事なんですね。ちなみに、TSC社の定款を今確認しましたが、第21条1項で選任について定足数が3分の1まで引き下げられていますね。でも、取締役の解任について特段の規

定はないので、原則どおり株主総会の普通決議で解任できるってことですね。

部長　解任の手続きはそのとおりだね。なお、取締役を解任する際には損害賠償請求の問題にも注意が必要だよ。さっき君が調べた会社法339条の2項を見てごらん。正当な理由なく取締役を解任すると、その取締役から解任によって生じた損害の賠償を求められるおそれがあるんだ。賠償額は取締役の残された任期で得られたはずの役員報酬と考えられているので、取締役の任期を伸長している会社で任期中に取締役を解任すると、賠償額が莫大な額となるおそれもあるんだよ。

ゆい　取締役の任期を伸長できるという制度には意外なリスクも潜んでいるんですね。さっすが、部長！勉強になります〜！

今回のポイント

　取締役の員数や任期、選任・解任に関する基本的ルールは会社法に定められていますが、実務上、定款の定めによって、員数の上限が定められていたり、任期が短縮や伸長されていたりするケースがあります。事案に応じた正確な検討を行うためには、会社法の条文だけでなく定款の確認が不可欠です。

改正Column

取締役の欠格条項の削除

　本書では詳しく触れていませんが、取締役には一定の欠格事由が定められており、現行法では、成年被後見人や被保佐人は取締役となることができないものとされています（現行法331条1項2号）。

　しかし、法律上、欠格条項が数多く存在していることが成年後見制度の利用を躊躇させる要因の1つになっているとの指摘があり、令和元年会社法改正に伴い、取締役の欠格事由を定める現行法331条1項2号は削除されることになりました。

　したがって、改正法施行後は、成年被後見人は成年後見人が就任承諾することにより、被保佐人は保佐人の同意を得ることにより、それぞれ取締役に就任することができるようになります（改正法331条の2第1項、2項）。もっとも、成年被後見人や被保佐人が取締役として職務執行等を行った場合に、行為能力の制限を理由として事後的に、これを取り消すことができるとなると、取引の安全を害しかねません。

　そこで、成年被後見人や被保佐人が取締役の資格に基づいてした行為は、行為能力の制限によっては取り消すことができないものとされています（同4項）。

　なお、監査役の欠格事由についても、取締役と同様の改正がなされています（改正法335条1項）。

取締役会・代表取締役

その株式会社のすべての取締役で組織される取締役会。どのような形で運営されているのでしょうか。ここでは取締役会の役割や運営方法について確認しましょう。

［ 取締役会の**役割** ］

部長　さっき、石原君が答えてくれたとおり、取締役会は、その株式会社のすべての取締役で組織されることになっている。ここで、質問。

どうして、忙しい取締役がわざわざ集まって会議をしなければならないのでしょうか？

そもそも、株主は、その株式会社の取締役として適切な人材を選任しているはずだろう？　だったら、わざわざ皆が集まって取締役会なんていう会議を開く必要なんてないんじゃないか？

ゆい　確かに部長のおっしゃることにも一理あると思いますが、取締役といえども人の子。適切な人材であったとしても、1 人で決めてしまうと判断ミスが

あるかもしれませんし、あるいは独善的に暴走して
しまう危険もあると思うんです。そういったことを
防止するために、取締役全員が集まってその株式会
社にとって重要なことを決定したり、他の取締役が
きちんと職務を行っているかどうかを監督すること
は大事だと思います。現に、会社法は次のように定
めていますよ！

会社法362条（取締役会の権限等）
2　取締役会は、次に掲げる職務を行う。
一　取締役会設置会社の業務執行の決定
二　<u>取締役の職務の執行の監督</u>
三　代表取締役の選定及び解職

部長　条文もきちんと確認しているし、素晴らしい回
答だね。しかし、「業務執行の決定」なんて、いちい
ち会議で決めていたら、迅速に物事が決まらないだ
ろう？　君も、うちの会社の会議に出席した経験か
ら、そう感じることはないかな？　会議をしている
と、皆の知恵は集まるかもしれないが、物事が進む
のは遅くなるだろう？

ゆい　その点ですが、会社法も「取締役会であらゆる
『業務執行の決定』を行え」とまではいっていないと
思います。「『重要な』業務執行の決定を取締役に委
任することができない」と規定されているので（法
362条4項）、逆にいうと重要でない事項については、

取締役に委任して大丈夫ということだと思います。

> **会社法362条（取締役会の権限等）**
> 4　取締役会は、次に掲げる事項その他の重要な業務執行の決定を取締役に委任することができない。

部長　そのとおり。でも、その会社にとって「何が重要な業務執行に当たるのか」という判断はなかなか難しい。そこで、実務上は、その会社に応じた取締役会規定や付議基準等を定めて、取締役会で決定すべき事項の範囲を明確にしていることが多いんだ。

ゆい　そういえば、うちの営業担当がときどき、「この案件は、取締役会にかける必要がありますか？」なんて質問を私にしてきます。そのときには、当社の社内規程を調べて回答していたんですが、あれがまさに当社の付議基準ってやつだったんですね。今までやっていた業務の位置づけがわかって、少しスッキリしました！

［ 代表取締役＝社長じゃない*の*!? ］

部長　ちなみに先ほどの条文で「代表取締役の選定及び解職」（法362条2項3号）というのがあっただろう？

ゆい　ありましたね。

部長　今まで特に意識していなかったかもしれない

が、代表取締役ってどういう役割を持っているんだろうか？

ゆい 代表取締役っていったら、社長のことでしょ？

部長 Oh, my god！ 法務部員として、何と悲しい答え!! 「代表取締役＝社長」ではないんだよ!!

ゆい スミマセン…。

部長 社長とか、副社長、それに専務とか常務とかもあるけれど、これは、実務上用いられている肩書きにすぎないんだ。でも、会社法で「社長」という言葉が用いられている条文は存在する。それを見つけることができたら今回は大目に見てやろう。

ゆい すぐ調べます……。その言葉だけを探し出すのしんどいな…あ、発見。

やっと見つかりました。会社法354条ですね。

会社法354条 (表見代表取締役)

株式会社は、代表取締役以外の取締役に社長、副社長その他株式会社を代表する権限を有するものと認められる名称を付した場合には、当該取締役がした行為について、善意の第三者に対してその責任を負う。

部長 この条文からも「代表取締役＝社長」ではないってことがわかるだろう？

ゆい ハイ、わかりました。なので、お許しをー！

部長 条文を探すのに結構手間取っているようだか

ら、もうちょっと調べてもらおうかな。代表取締役
の定義はどこにあるかな？

ゆい　定義規定といえばまず会社法2条ですね…あ
れっ？　ないです。これはまた、2条より後の条文
の中でうずもれているパターンですね。

部長　まぁ、これを調べてもらったら相当時間がかか
りそうだから、僕が答えてしまうよ。株式会社を代
表する取締役、これを代表取締役という。会社法47
条1項の条文の中の括弧内に書いてある。

ゆい　うわっ！　これは探し出すのに時間かかったと
思います。部長に教えてもらって助かりました！
でも、「株式会社を代表する取締役が代表取締役」っ
て、そのままですねぇ〜

部長　じゃあ、代表取締役はどんな権限を有している
かな。この条文は君に探してもらおう。

ゆい　はい、今度は見つけられそうです…あ、ありま
した！

会社法349条（株式会社の代表）

4　代表取締役は、株式会社の業務に関する一切の裁
　判上又は裁判外の行為をする権限を有する。

ゆい　へぇ〜、とても広い権限があるんですねぇ。

部長　そうなんだよ。じゃあ、次の質問。
取締役会を置いていない株式会社には代表取締役が

いるでしょうか？

ゆい　うっ…、取締役会がなければ、どうやって選べばいいのか、わかりません…。

部長　このあいだ確認したように、現在の会社法では、株式会社に必ず設置しなければならないことにしているのは、「株主総会」と「取締役1人」だけだ。取締役1人の場合は、わざわざ代表取締役を選ばなくても、その取締役自身が株式会社を代表する（法349条1項）。

会社法349条（株式会社の代表）

　　取締役は、株式会社を代表する。ただし、他に代表取締役その他株式会社を代表する者を定めた場合は、この限りでない。

ゆい　そうか、取締役が1人だったら自動的に代表取締役になるんですね。

部長　そういうこと。また取締役2人の会社でも、そのうち1人の取締役を代表取締役に選ぶことが可能だよ（法349条3項）。

ゆい　なるほど。いろいろ複雑ですね。

部長　いずれにせよ、法務部員としては、さっきみたいに「代表取締役＝社長」なんて勘違いだけはしないでくれよ。

ゆい　はぁい、その点は反省しています…。

部長　わかればよろしい。今、取締役会が置いていない場合を例に話をしたけど、次に、取締役会を置いている会社についても確認しておこうか。この場合は、必ず取締役の中から代表取締役を選ばなければならない（法362条３項）。

> **会社法362条（取締役会の権限等）**
> 　３　取締役会は、取締役の中から代表取締役を選定しなければならない。

ゆい　そうすると、取締役会設置会社には必ず代表取締役が１人いる、ってことになりますね。

部長　おっと、今の答えがちょっと微妙なので念のために聞いておくが、代表取締役の人数には何かルールがあったかな？

ゆい　株式会社を代表する取締役なので、てっきり１人かと思っていたんですけど、今の部長の聞き方からすると、違うってことですよね？

部長　そのとおり。会社法上には代表取締役の員数には特に制限はない。でも、定款で代表取締役の人数を制限しているケースはあるんだよ。

ゆい　TSC社の定款はどうなってたかな？
　あっ！　定款第23条１項で「代表取締役社長１名を定め、ほかに代表取締役を定めることができる」って書いてありますね。ってことはTSC社も「社長」

という肩書きをつける代表取締役は1人しか選べないけれど、代表取締役自体は何人選んでもいいんですね。へぇ〜。でも、1つの会社で、代表取締役が複数人いる会社って結構あるんですか？

部長　まぁ、20人も30人もいる会社は私もお目にかかったことはないが、代表取締役が2人、というような会社であれば、そこそこあると思うよ。

ゆい　そうなんですか！　カンタンそうな代表取締役のことも、実はわかっていなかったんですね…私。部長に教えていただいて、いろいろと勉強になりました。

部長　何だ、やけに殊勝だね。

ゆい　今日は部長に「Oh, my god！」とか「ブー」とか、散々いわれましたからねぇ。でも、これに懲りずにワタクシ頑張ります！

［ 取締役会の**招**集手続 ］

部長　さて、例のTSC社の件だ。株式の譲渡を承認するかどうかについて、取締役会を適法に開催する必要がある。まず、取締役会は誰が招集することになっているかな？

ゆい　会社法では、次のとおり定めています。

> **会社法366条（招集権者）**
> 　取締役会は、各取締役が招集する。ただし、取締役会を招集する取締役を<u>定款又は取締役会で定めたとき</u>は、その取締役が招集する。

ゆい　またまた出てきました、定款の定め。早速、TSC社の定款も確認しますね…定款第24条１項では、代表取締役社長が招集することになっています。ってことは、高倉社長が招集するってことですね？

部長　では、高倉社長は、具体的に、いつ、どのような方法で取締役会を招集すればいいのかな？　いきなり、「おーい、取締役の皆、ちょっとこっちにこい！」で招集が可能なのかな？

ゆい　確か…取締役の全員の同意があれば、招集の手続きを経なくても取締役会が開催できたはずです（法368条２項）。だから、部長のおっしゃるような形も「アリ」なんじゃないでしょうか？

> **会社法368条（招集手続）**
> 　2　前項の規定にかかわらず、取締役会は、取締役（<u>監査役設置会社にあっては、取締役及び監査役</u>）の全員の同意があるときは、招集の手続を経ることなく開催することができる。

部長　まぁ「アリ」なんだが、「業務監査を行う監査役」がいる会社の場合は、取締役だけでなく監査役の同

意も必要だという点に注意が必要だ。ちゃんと条文の括弧内も読むように！　こういうところを見落とすと、後で取締役会の招集に瑕疵があったといわれかねないぞ。

ゆい　すみません…でも今わざわざ、「業務監査を行う監査役がいる会社」なんて部長もまどろっこしい言い方しますね。

部長　「業務監査を行う監査役がいる」というところがミソなんだよ。まぁ、このことを今議論するとややこしくなるので、これは別の機会にしよう（本書2章4節）。

ゆい　えーそうなんですか。何か意味深で気になります…。とりあえず意味としては、取締役を監査する立場の監査役が知らない間に取締役会が開催されると困るから同意が必要っていうことですよね？

部長　趣旨としてはそういうことだ。今、招集手続を省略できる場合から話をしてしまったが、本来はどのような手続きが必要かな？

ゆい　原則として、取締役会の1週間前までにきちんと招集通知を送る必要があります。この通知はさっきの話に関係しますが、監査役設置会社では、監査役にも送る必要があります。

会社法368条（招集手続）

　取締役会を招集する者は、取締役会の日の <u>1週間（これを下回る期間を定款で定めた場合にあっては、その期間）</u> 前までに、各取締役（監査役設置会社にあっては、各取締役及び各監査役）に対してその通知を発しなければならない。

ゆい　あと、通知を発する期間は定款の定めにより短縮することが認められているので、またまた定款の確認が必要ですね！　え〜っとTSC社の定款には定款第25条1項に、「会日の5日前」と書いてあるんで、短縮されているってことですね！

部長　そのとおり。取締役会は機動的に開催する必要性が高いので、実務上も、定款の定めにより招集期間を短縮する定めを置いている会社が多いんだ。ちなみに、招集通知って、書面で送る必要があるのだろうか？

ゆい　「通知」というと書面っていうイメージがありますけど…でも取締役の皆さんはきっと忙しく動き回っておられる方が多いと思うので、携帯電話やメールで招集できるほうがありがたいですよね？

部長　石原君のいうとおりで、取締役会の招集通知は書面である必要はなく、電話やメールでもOKだ。また、招集にあたって議題を示す必要もない。ただ、今回のTSC社のケースのように、後で手続きの不備

が指摘されないように完璧に手続きを進めておきたい場合は、後日の紛争に備えて、「形に残す」ということを意識することも大切だ。今回は、書面やメールなど、形に残る方法で招集通知を行ったほうが無難だろう。

[取締役会の**決議**]

部長 これで、取締役会の招集手続について確認できたので、次に取締役会当日の運営について確認しておこうか。まず、取締役会の議長は誰が務めるのかな？

ゆい 取締役会の議長について会社法には特に定めがないと思うんですが、TSC社の定款第24条１項では「代表取締役社長が議長となる」と書いてあるので、結局、高倉社長が議長を務めることになりますね。

部長 そのとおりだね。

ゆい ところで部長、TSC社の取締役の１人であるうちの茶屋社長は、普段、ティーシードの静岡本社か東京事業所にいることが多いですよね。一方でTSC社の取締役会はTSC社の本社がある京都で開催されるんですよね？

部長 その予定だ。

ゆい 私も、茶屋社長が京都まで出張できるスケジュー

ルを調整してTSC社の取締役会を招集するように段取りを組むことを考えているんですが、万一、京都まで移動する時間が確保できない場合に、テレビ会議システムを使って取締役会に参加するというのではダメなのでしょうか?

部長　取締役会は、取締役全員が直接意見交換をして、結論を出すというのが原則だ。その意味では、取締役全員が取締役会の開催場所に集合するというのが一番望ましい形だろう。ただし、テレビ会議システムを利用することによって、直接会議に出席しているのと同じように十分な議論を行うことも可能になっている。現に、当社でも静岡本社と東京事業所との間ではテレビ会議システムを使って会議をよく行っているが、活発に議論ができているだろう?

ゆい　そうですね。話している方の表情もよく見えますし、普通に議論できますね。ただ、静岡本社はどこの部屋にいっても、ほのかにお茶のいい香りがするんですよね〜。テレビ会議だと香りまでは伝わってこないから、ちょっと残念。

部長　確かに香りは伝わらないね。でも、きちんと議論に参加することができるという意味で、取締役会でもテレビ会議システムを利用した参加も可能だ。なお、電話会議システムの場合は、顔が見えない点でテレビ会議システムに若干劣るところがあるが、

合理的な議事運営がなされるという前提でこのシステムを利用するという運用も認められているよ。

ゆい　そのうち、香りも伝わるシステムができればいいですよねぇ～。

部長　おいおい、話が脱線しているぞ…。

さて、無事に取締役全員がTSC本社に集合したとしよう。その取締役会での重要な議題は、取締役の1人である寺町さんが伊達氏に株式を譲渡することを承認するか否か、というものだ。このときに、寺町さんは取締役会の議論に参加してよいのだろうか?

ゆい　これは、前に社長から質問があったことですね。寺町さんは、この議題に特別利害関係があると考えられますので、参加できないと思います。

部長　そのとおりだ。ちなみにTSC社の定款第26条2項にも「議決権を行使することができない」と書いてあるし、会社法の条文上も「議決に加わることができない」(法369条2項)とされていたよね。じゃあ、採決する際には参加しないとして、採決に先立つ議論に寺町さんは参加できるんだろうか?

ゆい　う～ん。難しいところですね。前に社長は「寺町さんがいると議論しにくくなる」っておっしゃっていましたから、採決に先立つ議論にも参加しないほうがよいように思います。

部長　そうだね。一般的にも特別利害関係人が影響力

を行使することは適切ではないので、その取締役は
退席を要求されればその指示に従わなければならな
いとされている。今回も寺町さんには退席してもら
う形で譲渡承認に関する議題を審議してもらうよう
に、茶屋社長にも伝えておこう。

ゆい　最後に確認が必要な点が、定足数、可決数です
ね！　条文は以下のとおりで、原則は、定足数が取
締役の過半数、可決数は出席した取締役の過半数で
す。でもやっぱり、定款に別段の定めがあり得るの
で、定款の確認が必要です！

> **会社法369条（取締役会の決議）**
> 　取締役会の決議は、議決に加わることができる取
> 締役の過半数（これを上回る割合を定款で定めた場
> 合にあっては、その割合以上）が出席し、その過半
> 数（これを上回る割合を定款で定めた場合にあって
> は、その割合以上）をもって行う。

部長　で、肝心のTSC社の定款ではどうなっている？

ゆい　定款第26条1項で、「取締役会の決議は、議決に
加わることのできる取締役の過半数が出席して、そ
の出席取締役の過半数をもってこれを決する」と書
いてありますので、ここは会社法の原則と一緒です！

［ 取締役会決議は**省**略できる？ （書面決議） ］

ゆい ところで、部長。今TSC社の定款第26条を見た
ときに、次の定款第27条がチラッと目に入ったんで
すが…取締役会決議って省略できるんですか？

部長 ん？　そうだよ？

ゆい えーっ！　でも、さっき取締役会の運営方法で
テレビ会議とか電話会議とかを利用できるか、って
いう話をした際に、取締役全員が直接意見交換をす
ることが大事だっていうお話をされましたよね？
そのはずなのに取締役会決議を省略できちゃうなん
て、そんなの「アリ」ですか？

部長 今の会社法では「アリ」なんだよ、これが。実は、
旧商法の時代はこのような制度は認められていな
かったんだ。確かに取締役全員が直接意見交換をす
ることが大事なことはいうまでもないが、企業経営
には、迅速かつ機動的な意思決定が必要となる場合
もある。そこで、会社法は、定款で定めることによっ
て、取締役会の決議を省略することを認めたんだ（法
370条）。

ゆい そうなんですか！　では、この定款の定めを入
れておいて、最大限有効活用したら、取締役会を開
かなくても書面でパパッと済んじゃって、チョー便
利ですね！

会社法370条（取締役会の決議の省略）

　取締役会設置会社は、取締役が取締役会の決議の目的である事項について提案をした場合において、当該提案につき取締役（…）の全員が書面又は電磁的記録により同意の意思表示をしたとき（…）は、当該提案を可決する旨の取締役会の決議があったものとみなす旨を定款で定めることができる。

部長　待ってくれ！　そうは問屋が卸さない。便利な制度であることは確かだが、これを利用してまったく取締役会を開催しないというのは本末転倒だろう？　前にもいったとおり、取締役が集まって意見交換するのがあくまで原則だ。現に会社法では業務執行を行う取締役は３カ月に１回以上取締役会に対して職務執行の状況を報告しなければならないとしているが（法363条２項）、これは必ず会議によって行わなければならないと定めているんだ（法372条２項）。

会社法363条（取締役会設置会社の取締役の権限）

２　前項各号に掲げる取締役は、３箇月に１回以上、自己の職務の執行の状況を取締役会に報告しなければならない。

ゆい　バランスが大切なんですね。最近、職場ですぐ近くにいる人にもメールで事務連絡することってありますけど、たまにはちゃんと話しかけてコミュニケーションをとるのも大事ですよねぇ～。

部長　職場のコミュニケーションは大事だけど、石原君の場合は「たまには」じゃなくて、結構「いっつも」話しかけてる、って感じじゃないか。

ゆい　ありゃ。そうですか!?　やっぱ、バランスが大切ですね。何事も。

［ 取締役会議事録も**作**らないと！ ］

部長　取締役会での審議が終わり、無事に取締役会が終了したとしよう。

ゆい　ふぅ～っ。今回の会議は疲れましたね。

部長　まるで君が取締役会に参加していたみたいだ

ね。でも、ここで気を抜いてはいけない。最後に締めの作業が必要だ。

ゆい　最後のシメといえば、部長はいつもラーメンですよね？　ラーメンほんとお好きですよねぇ…私、食べたくなってきました。部長、この案件の私の働きぶりどうですか？　頑張ってますよね⁉　ご褒美に今日の仕事の帰りラーメンご馳走してくださ〜い！

部長　そういうセリフはきちんと仕事が終わってからにしてくれ。さぁ、締めの作業は何があるかな？

ゆい　話合いの結果を形に残しておく…そっか、議事録の作成ですね！

部長　そのとおり。議事録も完璧に作っておく必要がある。議事録については、会社法ではどのように定められているかな。

ゆい　すぐに調べます！　はい、条文見つけましたっ！

会社法369条（取締役会の決議）

3　取締役会の議事については、法務省令で定めるところにより、議事録を作成し、議事録が書面をもって作成されているときは、出席した取締役及び監査役は、これに署名し、又は記名押印しなければならない。

部長　おっ、素早い検索だね。この条文にあるように、取締役会の議事については議事録を作成する義務がある。議事録のイメージは次のようなものだ。

取締役会議事録

20XX年1月●日(●曜日)午前●時●●分よりティーシード・コンサルティング株式会社本社会議室において取締役会を開催した。

　　取締役の総数　3名　　　出席取締役の数　2名
　　監査役の総数　1名　　　出席監査役の数　1名

以上のとおり出席があったので、本取締役会は適法に成立した。代表取締役高倉翔が議長となり、定刻に開会を宣し、直ちに議案の審議に入った。

第1議案　臨時株主総会招集の件
議長は、臨時株主総会を以下のとおり招集したい旨を述べ、その可否を議事に諮ったところ、出席取締役全員一致で承認を可決した。

1 日時　20XX年2月●●日（●曜日）　午前10時から
2 場所　本社会議室
3 会議の目的事項
　　　自己株式の取得の件

以上をもって本取締役会の議事を終了したので、議長は閉会を宣し、午前●●時●●分に散会した。

上記の決議を明確にするため、本議事録を作成し、議長および出席取締役ならびに監査役がこれに記名捺印する。

20XX午●月●●日
ティーシード・コンサルティング株式会社取締役会
議長　代表取締役社長　高倉　翔　㊞
　　　　　　　取締役　茶屋健太郎　㊞
　　　　　　　監査役　清水　悟　㊞

定価 1,100 円（本体 1,000 円＋税1 ％）

部長　具体的にどの程度細かく記載するかは、会社によっても異なっているところなんだけれど、議事録に必ず記載しなければならない内容は、会社法施行規則101条で細かく定められているから、その記載を忘れてはいけないよ。また、書面で作成した議事録には出席した取締役と監査役の署名か記名押印をしてもらう必要があるので、その段取りも忘れないように。

ゆい　了解です！　さぁ、部長、仕事は一通り片づけましたよ。ラーメンいきましょう！

部長　さっきからソレばっかりだな、君は。私も君につられてラーメンが食べたくなってきたよ。よし、最後の質問に君がきちんと答えられたら連れていってやるとするか。

　さて質問！　完成した取締役会議事録は、その後、いつまで、どこで保管しておくのかな？

ゆい　取締役会の日から10年間、会社の本店に備え置きます（法371条1項）。

> **会社法371条（議事録等）**
> 取締役会設置会社は、取締役会の日（…）から10年間、第369条第3項の議事録…をその本店に備え置かなければならない。

部長　おっ！　正解。じゃあ、その議事録って誰でも

見ることができるのかな？

ゆい　ちょっと待ってください、会社法371条の２項以下ですよね。ありゃ、この条文、読み解くのが結構難しいな…

部長　はっはっは。君の答えを待っていたらラーメンにありつくまで時間がかかりそうだから、正解を教えてあげよう。TSC社のように業務監査を行う監査役がいる会社の場合は、まずは監査役が取締役の職務執行を監査してくれるので、いきなり株主がやってきて取締役会の議事録の閲覧や謄写をする必要性が低い。だから、この場合には裁判所の許可が必要とされているんだ（法371条３項）。

これに対して、取締役の職務執行を監査・監督してくれるような機関がない会社については、株主が自ら取締役の職務執行を監査・監督する必要性が高いので、株主は権利行使のために必要であれば会社の営業時間内にいつでも取締役会議事録を閲覧・謄写できることになっている（法371条２項）。

その他、一定の場合には、債権者や親会社社員も裁判所の許可を得て、取締役会議事録の閲覧や謄写ができるようになっている（法371条４項、５項）。

ゆい　おおぉ！　さっすが部長！　さぁ、本日の業務は終了です。ラーメン食べにいきましょう！　今日は私も大盛りでお願いしまっす！

今回のポイント

　株式会社において取締役会は、重要な業務執行の意思決定を行うとともに、代表取締役等の職務執行を監督し、問題がある場合には代表取締役の解任権すら行使するという極めて重要な役割を持つ機関です。取締役会の運営について、招集手続、当日の運営方法、会議終了後の議事録の作成など、一連の手続きの流れを踏まえながら、正確に理解しておきましょう。

〈株主による閲覧謄写について〉

監査役が置かれている場合		監査役が置かれていない場合
業務監査権限あり	業務監査権限なし	
裁判所の許可を得た上で、閲覧謄写OK	営業時間内いつでも閲覧、謄写OK	

監査役

4

監査役は、取締役の職務執行を監査する機関として、取締役会設置会社に原則として置くことが義務づけられる大切な機関です（ただし、監査等委員会設置会社と指名委員会等設置会社を除きます）。ここでは、監査役の員数や任期、選任・解任の方法、また監査役の役割を確認します。

［ 監査役の員数・任期 ］

部長 このあいだ、君と「取締役会の招集通知は誰に送る必要があるのか」という話をした際に監査役の話が出てきたよね。

ゆい はい。覚えています。監査役設置会社の場合には、その監査役にも取締役会の招集通知を送る必要があるんですよね？

部長 そうそう、その話。TSC社には監査役が置かれているので、TSC社の取締役会の運営について考える際には、監査役についてもきちん確認しておいたほうがいいと思うんだ。基本的なところからチェッ

クしていこう。そもそも、どのような会社に監査役
を置く必要があるんだろうか？

ゆい　早速、条文で確認します。括弧書があって、意
　外とこの条文もややこしいですね。とりあえず、括
　弧書は無視してしまうと、結局、「取締役会設置会社」
　と「会計監査人設置会社」の場合に、原則として監
　査役を置く必要があるってことですね。

> **会社法327条（取締役会等の設置義務等）**
>
> 2　取締役会設置会社（監査等委員会設置会社及び指
> 　名委員会等設置会社を除く。）は、監査役を置かなけ
> 　ればならない。ただし、公開会社でない会計参与設
> 　置会社については、この限りでない。
> 3　会計監査人設置会社（監査等委員会設置会社及び
> 　指名委員会等設置会社を除く。）は、監査役を置かな
> 　ければならない。

部長　括弧書を無視するというのは、石原君らしい大
　胆な読み方だけど、まず会社法の全体的な構造を把
　握するための条文の読み方としては、そういう大胆
　な読み方も「アリ」かもしれないな。

　ちなみに、この条文の括弧書にある、監査等委員会
　設置会社や指名委員会等設置会社は、前に話をした
　ように平成26年の会社法改正に関連して、最近議論
　がホットなところだ。

ゆい　私の読み方が「アリ」なんて。部長が認めてく

れるなんて珍しいですね！　何かいいことあったん
ですか？

部長　実は今朝、自動販売機の抽選で缶コーヒーがも
う１本当たったんだよ！　って、そんな話していた
ら、また脱線してしまう。さぁ仕事仕事。次に確認
するのは、監査役の員数と任期。会社法はどのよう
に定めているかな。

ゆい　はいっ！　監査役会を置いている会社について
は監査役が３人以上で、そのうち半数以上は社外監
査役でなければならないとされていますが（法335
条３項）、それ以外は特に員数については定めがな
いですね。

　へぇ、前に出てきた監査等委員の場合は、確か「過
半数」が社外取締役ってことでしたけど（法331条６
項）、監査役会の場合の社外監査役の数は、「過半数」
じゃなくて「半数以上」なんですね。

会社法331条（取締役の資格等）

　６　監査等委員会設置会社においては、監査等委員で
ある取締役は、３人以上で、その過半数は、社外取
締役でなければならない。

> **会社法335条 (監査役の資格等)**
>
> 3 監査役会設置会社においては、監査役は、3人以上で、そのうち半数以上は、社外監査役でなければならない。

部長 お、条文の細かいところまで目が行き届くようになってきてるじゃないか。さっすが、法務部員。

ゆい そうでしょ！ さぁ、次いきますよ。任期は取締役の場合と似たような規定です。原則は4年ですが、非公開会社は定款に定めることによって最長10年にできます（法336条1項、2項）。

> **会社法336条 (監査役の任期)**
>
> 監査役の任期は、選任後4年以内に終了する事業年度のうち最終のものに関する定時株主総会の終結の時までとする。
> 2 前項の規定は、公開会社でない株式会社において、定款によって、同項の任期を選任後10年以内に終了する事業年度のうち最終のものに関する定時株主総会の終結の時まで伸長することを妨げない。

部長 今、君の説明の中で「社外監査役」という言葉が出てきたね。この「社外監査役」は平成26年会社法改正の際に要件が見直されているので注意が必要だ（法2条16号）。ちなみに「社外取締役」の要件も見直されているよ（法2条15号）。まぁ、簡単にいう

と、本当の意味で「社外」といえるようにするために、取締役や監査役の親族とか親会社の関係者などは「社外」とはいえないことになったんだ。それよりも、通常の監査役の資格について何か定めはないかい？

ゆい 監査役は、その会社の取締役や支配人等を兼ねることができないことになっています（法335条2項）。当たり前ですよね。自分で自分の監査をしても意味ないですもん。私も、もし、自分で自分のボーナスの査定ができるんだったら、きっと思いっ切り自分を高く評価してしまうだろうし…。

部長 まさに、そういうことだね。

［ 監査役の選任・解任 ］

部長 監査役の選任・解任のルールについては、取締役の選任・解任のルールを確認した際に併せて確認したところだったね。

ゆい はい。監査役の選任は取締役と同じように株主総会の普通決議ですが（法329条1項）、監査役の解任には特別決議が要求されていました（法309条2項7号）。

部長 そのとおり。では、なぜ、監査役の解任には特別決議が要求されているんだろう？

ゆい やっぱり、簡単に辞めさせることができるとな

ると、監査役の立場が弱くなってしまうからでしょうか。

部長　おおむねそういうことだ。監査役は、株式会社の代表取締役をはじめとする取締役の職務執行全般を監査する立場にある。その監査役の立場が弱かったら、きちんとした監査なんかできないよね？　だから、監査役の地位の強化が法律上、図られているんだよ。解任要件以外にどんな手当てがなされているか知っているかな。

ゆい　そうですねぇ。まず、監査役の任期が取締役の任期よりも長い 4 年とされていることが挙げられると思います。あと、取締役と違って、任期の短縮に関する規定がありません（法336条 1 項参照。332条 1 項ただし書きに相当する規定が置かれていない）。それ以外としては…監査役の報酬は、取締役の報酬とは別に定款や株主総会の決議で決めることになっていますね（法387条 1 項。本書 4 章 1 節）。

部長　まだあるぞ。取締役が監査役選任議案を出そうとすると、監査役の同意が必要だし（法343条 1 項）、監査役は、監査役の解任や辞任等について、株主総会で意見を述べることも認められている（法345条 4 項、 1 項）。こんなふうに、さまざまな形で監査役の地位の強化が図られているんだ。

［ 監査役の役割 ］

ゆい ところで、部長。以前、取締役会の役割について確認した際に、「取締役の職務の執行の監督」（法362条2項2号）という話がありましたよね。そのときに疑問に思ったんですが、取締役会も取締役の職務の執行の監督をするのならば、監査役のお仕事とどう違うんでしょうか？　イマイチよくわからないんです。

部長 おや？　なかなかいい質問だね。その点については、監査役による監査は、「適法性監査」であるが、取締役会による監督は「適法性だけでなく妥当性にまで及ぶ」等という説明がされることもある。簡単にいうと取締役会によるチェックのほうが対象範囲が広いということだ。また、取締役会については、「監督」機能を強力に裏づける権限がある。すなわち、取締役会には代表取締役を解職できるという強い権限が付与されている（法362条2項3号）。これに対して、監査役には直接代表取締役を解職するような権限は与えられていない。

ゆい 「適法性」と「妥当性」か。別の次元の話だってことは何となくわかるんですが、実際にはその線引きは難しいような気もしますね。

部長 そのとおりだ。「不当」なことが積み重なると「違

法」というレベルに達することもあるからね。あと、ちょっと細かい話だが、ついでに「監査」（法381条1項）と「監督」（法362条2項2号）という言葉の違いについても少し説明しておこうか。

ゆい　「監査」と「監督」の違いですか？　同じ意味かと思っていました。

部長　そんな単純なものではないんだよ。「監査」とは、①行為者（取締役等）とは別の者（監査役）が、②一定の基準（法令・会計基準等）に照らしてその行為の適否を判断するものだ。

これに対して、「監督」は、①監督される者（取締役）と監督する者との区別は必ずしも明確ではなく、また②経営上の合理性という主観的なモノサシにより行為の適否が判断されるものなんだよ^(注)。

ゆい　部長、さっすがモノ知りですねぇ。何か、学者さんみたい。

部長　ははっ。実は、さっき本で読んだことの受け売りなんだがね。

［ 監査役は**何**でも監査するわけではない!? ］

部長　「監査」と「監督」の違いというちょっと細かい説明をしたけれど、もう1点監査役については押さえておくべき大事な点がある。それが監査の範囲だ。

ゆい 取締役のお仕事を全部をチェックするんじゃないんですか?

部長 それが、必ずしもそうじゃないんだな。会社法389条を調べてごらん。

会社法389条（定款の定めによる監査範囲の限定）

公開会社でない株式会社（…）は、第381条第1項の規定にかかわらず、その監査役の監査の範囲を会計に関するものに限定する旨を定款で定めることができる。

ゆい 出たっ! 「定款の定め」ですね。

部長 そう、定款の定め。さっき石原君がいったとおり、監査役は本来的には取締役の職務執行全般を監査することが期待されている機関だ。しかし、一方で、非公開会社の場合には、監査役にそこまで広範な役割が必ずしも期待されていないケースもあるし、そのような監査ができる人材の確保が可能なのかという問題もある。そこで、非公開会社は、「監査役の監査の範囲」を会計監査に限定することができることにされているんだ。

ゆい 会計監査だけだったら、ずいぶん監査役が監査する範囲が狭くなりそうですね。それなら私でもできるかな?

部長 おいおい、君は数字が苦手だったんじゃなかったっけ? それはともかく、「監査役の監査の範囲」

を会計監査に限定した場合、それに伴って監査役の権限もかなり狭められることになるんだ（法389条7項）。例えば、取締役会への出席義務や権利がなくなる。

ゆい　そっか、前に取締役会の招集通知の話をした際に、部長が「業務監査を行う監査役がいる会社」っておっしゃってた話、これですね！　やっとスッキリしました。「会計監査だけを行う監査役」の場合は取締役会に出席する権利がないから、招集通知を送らなくてもOKってことですね。こうやって、よーく考えてみると、取締役会の招集通知の発送先をチェックする際には、定款で「監査役の監査の範囲」が会計監査に限定されているかどうかを確認する必要があるってことですね。このあいだは、そこまで理解できていませんでした…。

部長　確かにここは難しいね。しかも、「監査役の監査の範囲」が会計監査に限定されているのかどうかは、今までは定款を確認しないとわからなかったんだよ。でも、平成26年会社法改正で「監査役の監査の範囲」を会計監査に限定している場合は、その旨が登記されることとなった（法911条3項17号イ）。だから、現在は登記を確認すれば、「監査役の監査の範囲」が限定されているのかどうかがわかる。ひいては、その監査役に取締役会の招集通知を送る必要がある

のかどうかも判断できるってことになるんだよ。

ゆい　そんな大事なこと登記してもらわないと困りますよね。

部長　その点は、僕も同感だよ。じゃあ、TSC社の登記を確認することにしよう。TSC社の登記には「監査役の監査の範囲」について何か定めはあるかな？

ゆい　特に「監査役の監査の範囲」については定めがありませんね。

部長　そのとおり。ということはTSC社の監査役は業務監査も行うんだ。つまり取締役会の招集通知は、TSC社の監査役に対して送る必要が…

ゆい　あります！

今回のポイント

❶　監査役については、監査の範囲（会計監査のみでよいのか、業務監査まで行う必要があるのか）と、監査の深度（適法性監査のみでよいのか、妥当性監査まで行う必要があるのか）という2点について、難しい議論もあるところですが、きちんと理解しておきたいところです。

❷　特に、「監査役の監査の範囲」を会計監査に限定した場合、適用される会社法のルールにも違いが出てきます（取締役会の招集通知の有無等はその一例で

す）。非公開会社について会社法の適用を検討する
際には、監査役の監査の範囲をきちんと確認してお
くという姿勢も大切になります。

（注）伊藤靖史、大杉謙一、田中亘、松井秀征著
　　　『リーガルクエスト 会社法第3版』（有斐閣） 191頁。

2014年12月下旬

―京都市内、某所―

「もしもし、伊達さんですか。寺町です。実は、伊達さんからお借りしていたお金の返済の目処がつかず、少しご相談させていただきたいのですが…」

　………

「なるほど、そういうご事情であれば、お預かりさせていただいているティーシード・コンサルティングの株式を売却させていただき、その代金でご返済いただくということでいかがでしょうか。」

「しかし、伊達さん、前にも申しあげたとおり、上場会社でもない株式をお金に換えるのは容易ではないと思うのですが…」

「その点なら、大丈夫です。先日、株をお預かりする際に寺町さんに作成していただいた書類のうち、いくつかを私が使うことをご了解いただければ、後はこちらで対応できますので。」

「私、その辺りの手続きに疎いもので…伊達さんにお任せしてよろしいでしょうか。」

「お任せください。ええ、そんなに難しいことではありませんから、大丈夫です。どうぞご安心ください。」

会計監査人

5

　中小企業に設置されるケースは少ないですが、上場会社では重要な役割を果たしている会計監査人。ここではその概要を確認しておきましょう。

[**会計監査人の役割**]

ゆい　部長ーっ！　先ほど「監査役の監査の範囲」について確認していた際に、ちょっと疑問に思ったことがあるんですが…。

部長　おっ、何かな？

ゆい　「監査役の監査の範囲」について「会計監査」に限定するという話がありましたが、一方で、会社法では「会計監査人」という立場の役職がありますよね？　名前からすると「会計監査」は監査役ではなく会計監査人が行うような気がするのですが…そもそも、会計監査人って何をするのでしょうか？

部長　なるほど、じゃあここで会計監査人について確認しておこうか。

　そもそも当社やTSC社には会計監査人は置いてい

るのだろうか？

ゆい 当社には置いていませんね。TSC社も定款や登記を見る限り、会計監査人のことはどこにも書いていないですもん。

部長 そうだろう。じゃあ、どのような場合に会計監査人は設置されるんだろうか？　会社法の条文を調べてごらん。

ゆい 部長に教えを乞うつもりでいたのに…。

部長 法務部員がそんな安直なこといってたらダメだ。さぁさぁ、条文を調べて‼

ゆい 相変わらず厳しいなぁ…。ちょっと待ってくださいね。この条文でしょうか。

会社法328条（大会社における監査役会等の設置義務）

　　大会社（公開会社でないもの、<u>監査等委員会設置会社及び指名委員会等設置会社を除く。</u>）は、監査役会及び会計監査人を置かなければならない。
2　公開会社でない大会社は、会計監査人を置かなければならない。

ゆい 何だかわかりにくい条文ですねぇ。結局、大会社の場合は、「監査等委員会設置会社」と「指名委員会等設置会社」以外だったら、公開会社も非公開会社も会計監査人を置く必要がある、ってことですよね？

部長 そのとおり。でも実は、「監査等委員会設置会社」

および「指名委員会等設置会社」も、会計監査人を
置く義務があるんだよ。327条 5 項を見てごらん。

ゆい　えっ、そうなんですか？　条文を確認します！

会社法327条（取締役会等の設置義務等）
　5　監査等委員会設置会社及び指名委員会等設置会社
　　は、会計監査人を置かなければならない。

ゆい　うわっ、本当ですね。「何それーっ」って感じで
すね！　今回は部長に突っ込まれないように、会社
法328条 1 項の括弧の中もきちんと読んで、「監査等
委員会設置会社」と「指名委員会等設置会社」は会
計監査人を設置する義務はないと考えたのに。別の
ところに書いてあるなんて、ひどいですよ〜会社
法って。こんな条文作った人のセンスを疑うわぁ…。

部長　立法技術的に仕方ない部分があるんだろうけ
ど、君がいうようにわかりにくい条文だよね。条文
整理してみるとどんな感じになるかな？

ゆい　ちょっと、簡単にメモってみますね。こんな感
じでしょうか（次頁、ゆい's MEMO参照）。

部長　ちゃんとまとめられているね。ところで、会計
監査人って何のために設置されるんだっけ？

ゆい　結局、会社の規模が大きくなると経理処理も複
雑になって、会計の専門家に見てもらわないと、き
ちんとチェックできない、ってことですよね。

会計監査人の設置義務の根拠条文			
大会社	公開会社	監査役会設置会社	328条1項
		監査等委員会設置会社	327条5項
		指名委員会等設置会社	
	非公開会社	監査役（会）設置会社	328条2項
		監査等委員会設置会社	327条5項
		指名委員会等設置会社	

部長 そのとおり。これが、以前君がいっていた「監査役による会計監査」と「会計監査人による監査」ってどう違うのか、という質問の答えにもなると思うよ。監査役も会計監査をもちろん実施する。ただ、監査役は必ずしも会計の専門家とは限らないし、規模が大きい会社の経理処理全般を監査役がチェックするのはとてもできるものではない。だから、会計については、外部専門家である会計監査人の力を借りて、監査役と会計監査人の双方で目を光らせている、というイメージだね。

［ 会計監査人の**資**格 ］

ゆい　会計監査人は会計の専門家だ、ということですが、どんな人がなれるんですか?

部長　おいおい、何でも聞いてばっかりじゃ駄目じゃないか。条文条文。

ゆい　はーい。

> **会社法337条（会計監査人の資格等）**
> 　会計監査人は、公認会計士又は監査法人でなければならない。

ゆい　公認会計士か監査法人って書いてありますね。ちなみに、公認会計士と監査法人って何が違うんですか?

部長　5名以上の公認会計士を社員として設立される法人が監査法人だ。どちらも公認会計士という会計に関する専門的資格を要求しているので、まぁ、個人か法人かの違いという程度に理解しておいたらいいよ。

［ 会計監査人の選任・解任は **ちょ**っと仕組みが違う! ］

部長　ところで、この会計監査人、誰が選ぶことにな

るんだろうか？

ゆい　まぁ、会計に関するお目付役、と考えると株主総会で選ばれるって感じでしょうか。

部長　そのとおりだね。前に君が調べてくれた会社法329条1項に書いてある。

ゆい　本当ですね。ちなみに、今回改めて会社法329条1項の条文を見て疑問があるんですけど、ちょっといいですか。

部長　何だい？

ゆい　この条文では「取締役、会計参与、監査役」は役員として、ひとまとめにされているんですが、会計監査人は役員としてひとまとめにされていないですね？　なぜでしょう？

部長　ほほう。結構細かいところに目が届くようになってきたねぇ。これは、取締役や監査役と会計監査人とでは選任・解任に関するルールが大きく異なっているからだといわれている。じゃあ、何が異なるのかを確認しておこう。取締役や監査役の任期は何年だったかな？

ゆい　定款等で別の定めもできるので原則を回答すればいいですよね？　取締役が2年、監査役が4年です。

部長　じゃあ、会計監査人は何年？

ゆい　えぇーっと…何年だろう？　条文を調べますね。

> **会社法338条（会計監査人の任期）**
> 　　会計監査人の任期は、選任後1年以内に終了する事業年度のうち最終のものに関する定時株主総会の終結の時までとする。

ゆい　ってことは1年ですね。

部長　おいおい。パッと調べてパッと答える思い切りのよさはいいけど、単純にそれでいいかな？　同じ条文の2項もきちんと確認して。

ゆい　思い切りだよ人生は。なんて…、すぐ2項を読みますっ！

> **会社法338条（会計監査人の任期）**
> 　2　会計監査人は、前項の定時株主総会において別段の決議がなされなかったときは、当該定時株主総会において再任されたものとみなす。

ゆい　1年後の定時株主総会の際に何も決議をしなければ、自動的に再任されるんですか！　それはすごいですね。会計監査人に1度就任すれば安泰だなぁ〜！　私も会計監査人なろうかな？

部長　よくいうよ。前にも突っ込んだことがあると思うけれど、君は数字が苦手なんだろう？

ゆい　えへへへ、部長よくご存じで。

部長　それはさておき、株式会社の経営は継続するも

のだから、継続的な目線で会社の会計をチェックすることが必要だ。だから、特に問題がなければ自動的に再任されることになっている。ただ、自動的に再任されるからといって、君がいうほど「安泰」でもないんだよ。会計監査人には特別な辞めさせられ方が存在するんだ。

ゆい 特別な辞めさせられ方？　定年みたいな制度があるんですか？

部長 残念ながら定年ではないよ。何度か話が出てきたけど、監査役も会計監査をするだろう？　大会社では、会計監査人が会計監査を行うことになるが、これは監査役が行う監査のうち、会計監査の部分について会計の専門家である会計監査人の力を借りている、というイメージで、あくまでその会社の業務執行全般の監査については、監査役が責任を負っている。その意味では、監査役は会計監査人のお目付役という役割も負っているともいえるんだ。会計監査人設置会社に監査役の設置義務を課している（法327条3項）のはそのことの表れともいえるだろう。

ゆい 監査役さんは目を配る範囲が広くて大変ですね。

部長 だから、大会社になると監査役会の設置が強制され、監査役も3人以上（うち半数以上は社外監査役）となるんだ。そして、監査役に与えられた会計監査人のお目付役としての大きな権限が、会計監査

人の解任権限だ。

> **会社法340条（監査役等による会計監査人の解任）**
> 　監査役は、会計監査人が次のいずれかに該当する
> ときは、その会計監査人を解任することができる。
> 一　職務上の義務に違反し、又は職務を怠ったとき。
> 二　会計監査人としてふさわしくない非行があった
> 　とき。
> 三　心身の故障のため、職務の執行に支障があり、
> 　又はこれに堪えないとき。

ゆい　へぇ、結局、会計監査人はほぼ自動的に再任さ
　れますが、一方で、監査役によって解任される可能
　性があるわけですね。

部長　ちなみに、平成26年会社法改正によって、会計監
　査人の選任や解任について株主総会に提出する議案
　も監査役が決定することになったんだよ（法344条）。

ゆい　そんな改正もされているんですね！　確かに会
　計監査人は、取締役等の役員とはかなり選任・解任
　のルールが違います。会社法ってやっぱりフクザツ！

今回のポイント

　会計監査人は、中小会社で設置されることはあまり
ありませんが（大会社以外であっても、自主的に会計
監査人を設置すること自体は妨げられません）、上場

会社の実務では監査役と連携して会社の会計監査を行うという重要な役割を担っています。会計監査人は、取締役や監査役等の機関とは任期や選任・解任の方法に大きな違いがあることを理解しておくとよいでしょう。

第3章

株主総会・
株主の権利

◉ 京都での密会

2015年1月10日
―京都市内、某料亭にて―

　静かな路地の前に1台のタクシーが止まった。ドア
が開き茶屋が早足で路地奥へと消えていった。

　店を入ってすぐのカウンターでは高倉が1人でグラ
スを傾けていた。

　合流した2人は仲居に案内され、奥の座敷へと移動
した。暖房は入っているものの、少しひんやりとした
空気が漂っていた。

「京都はいつきてもいいところだよなぁ。高倉さんや
寺町さんと出会った思い出の地だ。しかし、大学時代
の3人の付き合いがこんなに長いものになるとは、あ
のころは想像もしなかったよな。」
「確かにそうだな。あれからもう30年以上たったのか
…早いもんだ。しかし、毎年3人で新年会をするのに、
今年は茶屋さんと俺の2人だけというのはちょっと寂
しいな。」

　2人の前に先付けが運ばれた。仲居が部屋から出るのを見計らって、茶屋が尋ねた。

「それはそうと、寺町さんがTSC社の株を手放そうとするなんて一体どうしちゃったんだ？　高倉さんにも全然相談がなかったのかい？」
「そうなんだ。寺町さんからは何の相談もなかったんだよ。新年早々、突然、あの書面が会社に届いたんだ。寺町さんとは、これまでいつもTSC社のいろんなことについて話し合って今日までやってきていたから、今回のことは正直いって戸惑っている。」

　そういうと高倉は、手に持った酒杯をぐっと飲み干した。

「最近の寺町さんの様子で高倉さんが気づいたことはある？」
「そうだなぁ、昨年秋からお互い忙しくてじっくり話をしたことはなかったんだが…。俺には特に思い当たる節はないんだよな…」
「そうか。ところで、高倉さんは寺町さんが株式を譲り渡そうとしている伊達氏を知ってるのかい？」
「名前は聞いたことがあるんだが、面識はない男だ。茶屋さん、何か情報が？」

「実は高倉さんからファックスをもらった後、僕なりにちょっと調べてみたんだけど、あまりいい噂はない男のようだね。彼。」

「そうなのか。何で寺町さんはそんな男とつながっているんだ…」

「高倉さん、寺町さんのことも心配だが、僕はTSC社の取締役として、伊達氏なんかに大事なTSC社の株を譲るわけにはいかないと思っている。そこで、どんな対応が可能なのかをうちの法務部員に調べさせてみた。これがそのレポートだよ。」

「ほぅ、君の会社の法務部員は優秀だな。短時間でこんなにしっかりしたレポートを仕上げてくるなんて。ちょっと読ませてもらうよ。」

………

「なるほど。寺町さんの株を伊達氏に譲渡させない方法として、TSC社自身が買い取るという選択肢があるんだな。その場合、TSC社の株主総会の特別決議が必要となるのか。勝負は株主総会か…」

そういうと、高倉は茶屋が注いだ日本酒を飲み干した。

株主総会

1

　株主総会は、すべての株式会社に必ず設置される機関です。株主総会では、取締役の選任・解任や剰余金の配当の決定等、株式会社の経営の根幹に関わるような重要な事項を決定します。

［ 一株一議決権の原則と単元株制度 ］

部長　茶屋社長から、TSC社の株主総会のスケジュール調整を進めるように指示があった。今回、寺町さんからの請求を承認せずTSC社自身が株式を買い取ることで高倉さんと意見が一致したようだ。われわれはこれまで取締役会の運営等について整理をしてきたが、先日の石原君のレポートによれば、TSC社自身が買い取る場合には株主総会の決議が必要となるんだね。

ゆい　そうです。TSC社の株主総会の決議、それも特別決議が必要です（法140条2項、法309条2項1号）。

部長　よし。株主総会について、将来、伊達氏から手続きの不備を指摘されることがないように、完璧な

準備を進めていこう。

ゆい　了解です！

部長　まず、入り口から確認しておきたいんだが、株主総会は誰が参加できるのだろうか？

ゆい　当然、株主です！

部長　一言で「株主」っていうけど、株主なら全員株主総会に参加できるのかい？

ゆい　もちろんです！　だって、株主なのに株主総会に参加できないなんておかしいじゃないですか？

部長　必ずしもそうとはいえないんじゃないか？　株主は皆、株主総会の議決権を有しているのかい？
定足数などをカウントする前提としての「議決権の数」って、誰が、どれだけ持っているのかをよく確認してごらん。

ゆい　株主が１株につき１議決権を有しています（法308条１項）。

部長　常に１株について１議決権があるのかな？

ゆい　そういえば、ある程度の株数を持って初めて議決権が認められるという仕組みがあるってニュースを聞いたことがあったような…。でもその仕組みの名前が思い出せません…。

部長「単元株制度」だね。よく見てごらん。今、君が説明してくれた会社法308条１項にも書いてあるよ。詳しくは会社法188条～195条に規定がある。

ゆい　308条1項に書いてありましたっけ？

　あ、本当ですね！　失礼しました。

会社法308条（議決権の数）

　　株主（株式会社がその総株主の議決権の4分の1以上を有することその他の事由を通じて株式会社がその経営を実質的に支配することが可能な関係にあるものとして法務省令で定める株主を除く。）は、株主総会において、その有する株式1株につき1個の議決権を有する。ただし、単元株式数を定款で定めている場合には、1単元の株式につき1個の議決権を有する。

2　前項の規定にかかわらず、株式会社は、自己株式については、議決権を有しない。

部長　さっき、石原君がニュースの話をしたが、上場会社では証券取引所から売買単位の集約が求められていて、100株を1単元としている会社が多いんだ。そのような会社では、100株保有していない株主は議決権を行使することができないことになる。あと、自己株式にも議決権がないことも忘れてはいけないよ（法308条2項）。

［ 自己株式には議決権が**ない**！ ］

ゆい　また、自己株式ですか！　この前、自己株式の取得に際しての財源規制の件で、苦労してレポート

を作ったのを思い出しました…いろいろ厄介です
ね、自己株式は。

部長　確かに自己株式はいろんな規制があるからね。
君もこれから仕事の中で自己株式っていう言葉を耳
にしたら注意したほうがいいよ。ちなみに、どうし
て、自己株式には議決権が認められていないんだろ
うか?

ゆい　これって、前に出てきた監査役は取締役の地位
と兼職できない、って話と似たような話じゃないで
すか?「本来、会社は株主によってコントロールさ
れるべきなのに、会社自身が株主として自分で権利
行使してしまうと会社のコントロールがおかしく
なってしまう」みたいな。

部長　おおむねそんなところだ。もし自己株式につい
て議決権があると、結局、その会社の代表取締役が
議決権行使をする形になる。そんなことを認めてし
まうと、代表取締役は自分の都合のいいように議決
権行使をしてしまう危険性があるので、自己株式に
は議決権が認められていないんだ。

ゆい　なるほど。

部長　同じように会社のコントロールが歪む危険性が
あるという観点から、相互保有株式にも議決権が認
められていない(次頁図参照)。

ゆい「相互保有株式」って何ですか?　そんなコトバ

相互保有株式の議決権の取扱い

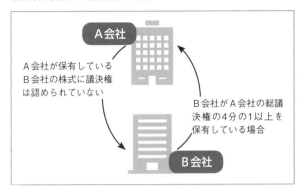

A会社

A会社が保有している
B会社の株式に議決権
は認められていない

B会社がA会社の総議
決権の4分の1以上を
保有している場合

B会社

　会社法308条には見当たらないんですけど…。

部長　308条1項の括弧書の中に書いてあるよ。

ゆい　えーっ、そんなところに書いてあるんですか。このあいだは括弧書を飛ばして読むことも「アリ」なんて話をしていましたけれど、括弧書にも大事なことが書いてあるんですね。注意しないと。

部長　そうだよ。重要なポイントではちゃんと括弧内も読むこと！　このように一言で株主といっても、株主総会で議決権を行使できない株主もいるわけだ。

［ その他議決権行使が認められない場合 ］

部長　実は、これ以外にも議決権を行使できない株主がいるんだよ。

ゆい まだほかにあるんですか？ でもさっき調べた会社法308条は１項と２項しかないし、今まで話に出てきた単元未満の株式、自己株式、相互保有株式の３つ以外は、フツーに議決権行使できるんじゃないんですか？

部長 甘い！ 前に会社法の定義規定の話をしたときに、会社法２条以外にも定義が置いてあるって話をしただろう？ ほら、君が「回りくどいやり方は私の好みじゃない」なんていっていたじゃないか。

ゆい あぁー、思い出しました。そんな話ありましたよね。

部長 その君の好みのタイプじゃないやり方で、会社法は、議決権を行使できないことを別々の場所で規定していることがあるんだよ。

ゆい う〜ん。やっぱり好きになれないな、そんなタイプ。

あーっ‼ でも今突然思い出しました。株式の譲渡承認手続のレポートをまとめる際に読んだ条文でそんなのがあったような…ちょっと待ってくださいね。

部長 お、何か思い出したのかい。

ゆい あった、ありました、この条文。会社法140条３項。この前読んだばっかりなのに、何で覚えてないんだ。あーっ、バカバカ。

> **会社法140条 (株式会社又は指定買取人による買取り)**
>
> 3　譲渡等承認請求者は、前項の株主総会において議決権を行使することができない。ただし、当該譲渡等承認請求者以外の株主の全部が同項の株主総会において議決権を行使することができない場合は、この限りでない。

部長　そんなにポカポカ自分の頭を叩くなよ。せっかく覚えた会社法の条文が頭から逃げていくぞ！

ゆい　でもこんなチョー大事な条文を見落としているなんて、法務部員失格です。だってこの条文によれば、TSC社の株主総会では、譲渡承認を求めている寺町さんは議決権を行使できないってことなんですよね？

部長　そうだよ。その意味では今回の案件ではチョー大事な条文だ。ちなみに、なぜ、このような規定が置いてあるんだと思う？

ゆい　何でだろう？　譲渡承認を請求している株主自らの利益に直結する問題だから、特別利害関係がある、って感じでしょうか？

部長　まぁ、そんなところだね。会社が高値で株式を買い取ること等によって他の株主が害されてはいけないので、会社が特定の者から自己株式を買い取る場合には、常にこのような規制が置かれているんだ。

例えば、会社法160条4項などがそうだ。

> **会社法160条（特定の株主からの取得）**
> 　4　第1項の特定の株主は、第156条第1項の株主総
> 　会において議決権を行使することができない。…

ゆい　160条4項…本当だ！　さっき見た140条3項と
ほとんど同じような条文ですね。あぁーもう、自己
株式が絡むと、ホントにいろんな話が出てきます
ねぇ。やっぱり厄介だわ、自己株式。

［ 議決権は代理行使ができる？ ］

部長　今まで、株主総会に参加できるのは、基本的に
株主ということを前提に話をしてきたけれど、逆に
株主以外の人が株主総会に参加することはできない
んだろうか？　石原君はどのように考えるかな？

ゆい　そうですねぇ。株主総会を運営するために受付
や会場整理などの事務作業をするスタッフの方が必
要ですよね。そういう方々は株主総会の会場に入っ
てもよいと思うのですが…でも、この方たちは株主
総会自体に参加されているわけではないですね。そ
うすると、やっぱり、株主総会には株主だけが参加
できる、ってことじゃないですか？　それに、株主
以外の関係ない人が株主総会に参加したら、いろい

ろとややこしいことにもなりそうですし。

部長　株主総会を運営する会社側の視点で考えた場合
には君のいうとおりかもしれないね。でも、株主総
会当日に参加できない株主もいるかもしれない。議
決権というのは株主にとっても大切な権利だから、
会社法はきちんと権利行使をする機会を保障する観
点から、代理人による議決権行使を認めているんだ
よ（法310条1項前段）。

> **会社法310条（議決権の代理行使）**
> 　株主は、代理人によってその議決権を行使するこ
> とができる。この場合においては、当該株主又は代
> 理人は、代理権を証明する書面を株式会社に提出し
> なければならない。

ゆい　でも、弁護士ならともかく、例えば反社会的勢
力のコワイおじさんとかに委任する株主が出てきて
しまったら会社としては困っちゃいますよね。

部長　そうなんだ。誰にでも委任できるということは
会社にとっては株主総会の適切な運営を阻害される
リスクが生じうることを意味している。そこで、代
理人の資格を株主に限るという定款を置いている会
社が多いんだ。TSC社の定款も見てごらん。

ゆい　本当ですね。定款第18条2項に「代理人は、当
会社の議決権を有する株主に限る」って書いてあり
ますね。でも、さっき部長に教えていただいた会社

法310条には「定款で代理人の資格を制限すること
ができる」なんて書いていないですよ。TSC社の定
款第18条2項って、有効なんでしょうか？

部長 確かに会社法上に規定はない。実は旧商法の時
代だが、このような定款の定めが有効かどうか争わ
れたことがあるんだ。その結果、最高裁判所は、株
主総会の撹乱防止の趣旨で置かれた当該定款規定
は、合理的理由による相当程度の制限であるとして
有効であると判断した[注1]。よって、今でも実務上多
くの会社がこのような定款の規定を置いているんだ。

ゆい なるほど、判例ですかぁ。会社法ではよく「定
款で別の定めができる」という規定が出てくるので、
そういう規定を見つけたら「定款をチェックしな
くっちゃ！」という気になりますけど、そういう規
定がないときでも、定款をチェックする必要がある
んですね。難しいなぁ…。

［ その他の議決権行使の方法 ］

部長 また、会社法は、議決権の代理行使以外にも、
いくつか議決権行使の方法を定めている。具体的に
どんな方法があるか調べてごらん。

ゆい えっと…議決権の代理行使の条文である310条
に続いて、書面による議決権の行使（法311条）、電

磁的方法による議決権の行使（法312条）という条文
があります。きっと、コレですね！

部長 正解！ 株主総会を招集するにあたり、株主総
会に出席しない株主が書面や電磁的方法によって議
決権行使をすることができるように定めることが認
められているんだ（法298条1項3号、4号）。

会社法298条（株主総会の招集の決定）

取締役（…）は、株主総会を招集する場合には、次
に掲げる事項を定めなければならない。

⋮

3 株主総会に出席しない株主が書面によって議決権
を行使することができることとするときは、その旨
4 株主総会に出席しない株主が電磁的方法によって
議決権を行使することができることとするときは、
その旨

ゆい じゃあ、TSC社でも、招集の際に決めれば、こ
のような形での議決権行使を認めることができるん
ですね。へぇ、これだけ、いろいろな方法が定められ
ているということは、株主にとって議決権行使の機
会を確保することがそれだけ大切ってことですね。

部長 そういうことだね。ちなみにTSC社は当てはま
らないけれど、株主の数が1,000人以上の会社は、原
則として書面によって議決権行使をすることができ
るようにしなければならないとされているんだよ
（法298条2項本文）。

［ 委任状や議決権行使書は**保管して**おかなければならない？ ］

部長　もし、TSC社の株主総会において代理人がやってきて議決権行使をしたいと要求した場合、何か提出させる必要があるかな？

ゆい　会社としては、その人がちゃんと本人から頼まれた人かどうかを確認したいところですよね。そうすると、委任状があるのかを確かめるとか…でしょうか？

部長　そう。会社法は、株主あるいは代理人から、代理権を証する書面、要するに「委任状」だね、その提出を義務づけている（法310条1項後段）。

　　　では、ここで問題。提出された委任状は、株主総会が終わった後、どうすればよいでしょうか？

ゆい　株主総会が終わったら、もう必要ないので捨ててしまいます！　…というわけではないですよね。部長がわざわざ質問してくるぐらいですから、残しておく必要がある、ということですね。きっと。

部長　そうだ。株主総会の日から3カ月間、本店に備え置く必要がある（法310条6項）。ちなみに、書面による議決権行使を認めた場合には、議決権行使書面についても同じく株主総会の日から3カ月間、本店に備え置くことが義務づけられている（法311条3項）。でも、どうして、わざわざ本店に備え置くこ

とが義務づけられているのだと思う?

ゆい　今まで定款 (第1章第1節) や取締役会議事録 (第2章第3節) のところで、同じような条文がありましたよね…。きっと、株主に閲覧や謄写の請求の機会を与えるためですね。

部長　そのとおり!　株主は、株式会社の営業時間内、いつでも委任状や議決権行使書面の閲覧や謄写をすることが認められている (法310条7項、311条4項)。

ゆい　でも備置き期間が3カ月というのはちょっと短い気もしますね。取締役会議事録なんて、10年も備え置く必要があるのに…。

部長　それは、株主総会の決議取消の訴えの提訴期間が、株主総会決議の日から3カ月以内とされているからだよ (法831条本文。165頁参照)。株主総会の決議がいつまでも取り消されるリスクがある状態にあるというのもマズイので、提訴期間が制限されている。

ゆい　ふむふむ。

部長　そして、株主に委任状や議決権行使書面の閲覧や謄写が認められているのは、株主総会決議の方法等について調査する機会を与え株主総会決議が適法かつ公正にされることを担保するためなので、同じく3カ月になっているというわけだ。

ゆい　なるほど!

議決権行使書面等の閲覧等の制限

株主には、代理権を証する書面や議決権行使書面（以下「議決権行使書面等」という）の閲覧謄写請求権が認められています。これは、部長とゆいとのやり取りにもあるように、本来、株主総会の決議が適正になされているかどうかを調査する機会を株主に与えるための制度です。

しかしながら、これらの書類には通常、株主の住所が記載されているため、株主名簿の閲覧謄写請求が拒絶された場合に、株主の住所等の情報を取得するために、議決権行使書面等の閲覧謄写請求が利用されたり、株式会社の業務の遂行を妨げる目的で閲覧謄写請求が行使されていると疑われるような事例があるといわれていました。

そこで、令和元年会社法改正では、議決権行使書面等の閲覧謄写請求にあたっては、請求の理由を明らかにしなければならないこととされました（改正法310条7項後段、同311条4項後段）。また、株主名簿の閲覧謄写請求の条文に倣い、議決権行使書面等の閲覧謄写請求を拒絶することができる場合が明文化されました（改正法310条8項、同311条5項）。

［ 定時株主総会と臨時株主総会 ］

部長 ここまで、誰が株主総会に参加できるのか、という観点から考えてきたが、実際に株主総会を開催するにあたっては、対象者の方に連絡をする必要があるね。

ゆい 招集手続が必要ってことですね！

部長　そういうことだ。取締役会の招集手続について
　　は以前にも確認したが、株主総会の招集手続はどの
　　ように規定されているのかな？　石原君、条文を確
　　認してくれないか。

ゆい　了解しましたっ！　あれ、パラパラっと条文を
　　見ていますが、株主総会の招集に関連しそうなタイ
　　トルの条文が結構たくさんあります。会社法296 ～
　　300条辺りが関係しそうです。

部長　そうだね。手続きの流れを頭に置きながら、整
　　理してみようか。

ゆい　お願いします！

部長　そもそも、株主総会って、いつの時期に開催す
　　る必要があるのかな？

ゆい　毎年6月下旬ごろになると、テレビで株主総会
　　のニュースが流れていますよね？　だったら、毎年
　　6月下旬に開催することになっているんじゃないで
　　すか？

部長　おいおい、毎年6月下旬にならないと開催する
　　ことができないっていうのかい？　だとしたら、今
　　問題となっているTSC社が株式を買い取るという
　　決定も、それまで待つというのか？　この前、君自
　　身のレポートで株式の譲渡承認手続については、回
　　答期間に制限があること（期間内に回答しなければ
　　譲渡を承認したとみなされてしまうということ）を

説明していたじゃないか！　まず、こういう問題は
ちゃんと条文で確認しなさい！

ゆい　すみません…。

> **会社法296条（株主総会の招集）**
> 　　定時株主総会は、毎事業年度の終了後一定の時期
> に招集しなければならない。
> 2　株主総会は、必要がある場合には、いつでも、招
> 集することができる。
> 3　株主総会は、次条第4項の規定により招集する場
> 合を除き、取締役が招集する。

ゆい　あっ！　株主総会には、毎事業年度ごとに開催
するもの（法296条1項）と、必要がある場合に開催
するもの（法296条2項）の2種類があるんですね。

部長　そうだ。一般的には、毎事業年度ごとに開催す
る株主総会を「定時株主総会」、臨時に開催する株主
総会を「臨時株主総会」と呼んでいる。今回のTSC
社のケースでは、臨時株主総会を開催するというこ
とになるだろう。

[**どうして上場会社の定時株主総会は
6月下旬に集中しているの？**]

ゆい　ちなみに定時株主総会の開催時期ですが、会社
法の条文には単に「毎事業年度の終了後一定の時期」

と書いてあるだけで（法296条１項）、どこにも６月って書いてないですよねぇ。ニュースでは「６月の下旬に株主総会が集中する」っていう話をしていますが、どうして皆ほとんど同じ時期に開催するんでしょうか。

部長　それにはちゃんと理由があるんだ。ニュースで株主総会について取り上げられている会社は基本的に上場会社だ。上場会社は、証券市場で株式が売買されているので、毎日のように株主が変わる。毎日のように株主が変わるとなると、誰を相手に株主総会の招集手続を進めたらよいのか、会社としても困ってしまうよね？

ゆい　確かにそうですね。例えば、今日の時点の株主名簿を入手して、その株主に招集通知を発送したとしても、明日にはその人はもう株主ではないかもしれないし。でも、いつ、誰が株を売買するのかなんて会社側にはまったくわからない話ですよねぇ。これは、悩ましいですね。

部長　そうそう、その悩ましさがあるんだ。そこで、会社法は基準日を定めて、権利行使できる株主を確定させるという制度を設けている。

ゆい　へぇ、そんな制度があるんですね。

部長　基準日を定めた場合には原則として公告が必要なんだが、毎年開催する定時株主総会について、い

ちいち公告するのは煩雑だし、費用ももったいない。
だから、ほとんどの会社では、定款で、定時株主総
会に関する基準日を定めているんだ。

会社法124条 (基準日)

　　株式会社は、一定の日 (以下この章において「基
準日」という。) を定めて、基準日において株主名簿
に記載され、又は記録されている株主 (以下この条
において「基準日株主」という。) をその権利を行使
することができる者と定めることができる。
2　基準日を定める場合には、株式会社は、基準日株
主が行使することができる権利 (基準日から3箇月
以内に行使するものに限る。) の内容を定めなければ
ならない。
3　株式会社は、基準日を定めたときは、当該基準日
の2週間前までに、当該基準日及び前項の規定によ
り定めた事項を公告しなければならない。ただし、
定款に当該基準日及び当該事項について定めがある
ときは、この限りでない。

ゆい　広告宣伝費はバカにならないですもんねぇ。

部長　君がいっているのは「広告」だろう？　これは
「公告」！「最近は条文の細かいところも目が行き
届くようになってきたね」ってこの前、褒めたばか
りなのに…法務部員としてまだまだ修行が足りん！

ゆい　スミマセン…

部長　ここで、「公告」の方法も確認しておきたいとこ
ろだけれど、今はまずは株主総会についてきちんと

確認するのが先決だから、この話は別の機会にしよう（本書4章2節）。さ、基準日についてTSC社の定款に何て書いてあるか探してごらん？

ゆい　定款第11条に「毎年3月末日の最終の株主名簿に記載又は記録された議決権を有する株主をもって、その事業年度に関する定時株主総会において権利を行使することができる株主とする」って書いてあります。本当だ。ちゃんと定款に明記してあるんですね！

部長　そうだろう。ついでにどうして6月下旬に株主総会が集中するのか説明しておくと、会社法124条2項の括弧内を見ると「基準日から3箇月以内に行使するものに限る」と書いてあるだろう？

ゆい　出た！　きちんと見なければならない「条文の括弧書」ですね！

部長　そうそう、いつもの君みたいに全部括弧内をすっ飛ばして読んでいたらダメなんだよ。それはさておき、この規定により基準日から3カ月経過してしまうと基準日の効力が失われ、もう一度基準日を設定しなおさなければならなくなってしまう。だから、6月下旬に集中するんだよ。

ゆい　…すみません。今の説明、途中まではよくわかったんですが、結局、何で6月下旬になるのかよくわからなかったです…。

部長 仕方ないなぁ。もう少し丁寧に説明してあげよう。

日本の会社は、4月1日から翌年3月31日までを1つの事業年度としている会社が多い。これは君も知っているだろう？

ゆい それはわかります。学校もずっと4月からスタートでしたし。春は桜も咲くし、1年のスタートにもってこいの季節ですもんね！

部長 定時株主総会の基準日は、事業年度の末日である3月31日に設定していることが多い。事業年度の成果発表の場でもある定時株主総会だから、事業年度の最終日に株を持っている人に権利行使させるのが妥当だ、という考え方だろう。TSC社も同じような考え方に基づいて3月31日にしているのだと思う。そして3月31日から3カ月経過するのはいつかな？

ゆい 6月30日ですね！ そっか、だから6月30日が経過しないように6月下旬に慌てて株主総会を開催しているんですね。でもそれなら、そんなにギリギリに開催しなくても、もっと早く、例えば5月下旬とか6月上旬とかに開催すればいいのに…。

部長 そんなに簡単なものではないんだよ。取締役会設置会社の場合、定時株主総会の招集の際に株主にさまざまな資料を提供する必要がある。例えば、前の事業年度の計算書類や事業報告（法435条2項）だ。

これらの作成に一定の時間を要するし、株主に提供する前に会計監査人や監査役によってチェックを受ける必要もある。その上で、これら書類を印刷して株主に対して発送するという手順を踏むと、結局、君のいうような早い時期に株主総会を開催することが物理的にも厳しい。だから、6月下旬に集中しているというのが現状なんだ。

ゆい　今の部長の説明、難しい言葉が一杯出てきて、もう頭がパンク寸前です！　ただ、株主総会の準備って結構大変だってことだけは、よーくわかりました。

部長　これぐらいでパンクしてたら困るよ。しかし、株式会社が作成する必要がある計算書類や事業報告は、とても大事なところだから、今度、君の頭のパンク修理が終わった後に、改めて確認するとしようか。

ゆい　部長ひどーい‼　そんな言い方すると、パンクどころじゃなくて、私のオツムが大噴火しちゃいますよ！

［株主総会の招集手続］

部長　さて、定時株主総会の開催時期の話はこのぐらいにしておいて、株主総会の招集について確認しておこう。まず、誰が招集することになるかな？

ゆい えーっと、確かさっき調べた条文にあったな。そうです。「取締役」が招集します（法296条3項）。

部長 ふーん…、じゃあ、取締役が1人で招集を決めてしまってもいいのかい？　もうちょっと後の条文までしっかり確認して！

ゆい 確かに、TSC社でも取締役が3人いるわけだし、取締役がそれぞれ勝手に招集を決めてしまったら混乱しますね…ということは何か条文があるはず。あ！　条文を見つけました！　取締役会の決議が必要なんですね！

会社法298条（株主総会の招集の決定）

　　取締役（…）は、株主総会を招集する場合には、次に掲げる事項を定めなければならない。

一　株主総会の日時及び場所

二　株主総会の目的である事項があるときは、当該事項

三　株主総会に出席しない株主が書面によって議決権を行使することができることとするときは、その旨

　　　　　　　　　　　：

4　取締役会設置会社においては、前条第4項の規定により株主が株主総会を招集するときを除き、第1項各号に掲げる事項の決定は、取締役会の決議によらなければならない。

部長 そのとおり。ちなみに、取締役会設置会社の株主総会では、その株主総会の招集の際に株主総会の

目的事項として決めた事項以外について決議することができないとされている（法309条5項）。だから、その株主総会の目的をきちんと取締役会で決めておくことはとても大切な点だ。TSC社のケースも、抜かりがないようにきちんと取締役会で株主総会の目的を決定するような段取りをつけることが必要だ。

ゆい　了解しました！

部長　きちんと取締役会で招集について決定した後は、何が必要かな？

ゆい　株主に対して、連絡する必要があります。そう、招集通知が必要ですね。

部長　その招集通知、いつ、どのような方法で行う必要があるか、さぁ、条文を確認して！

ゆい　はい。え～っと、株主総会の日の2週間前までに株主に対して通知を発する必要があります（法299条1項）。それと、TSC社のような取締役会設置会社の場合は、その通知を書面で行う必要があります（法299条2項2号）。

部長　おっと、それでいいのかい？　招集通知の発送時期はもう少し細かく定めてないかな？

ゆい　あぁ‼　括弧書ですね。今回は括弧の中にまた括弧があってややこしかったので、ちょっと読み飛ばしちゃいました…。

部長　ダメダメ！　今回のTSC社に関係する部分が

あるから、ちゃんと読む。

会社法299条（株主総会の招集の通知）

　　株主総会を招集するには、取締役は、株主総会の日の２週間（前条第１項３号又は第４号に掲げる事項を定めたときを除き、公開会社でない株式会社にあっては、１週間（当該株式会社が取締役会設置会社以外の株式会社である場合において、これを下回る期間を定款で定めた場合にあっては、その期間））前までに、株主に対してその通知を発しなければならない。

２　次に掲げる場合には、前項の通知は、書面でしなければならない。

　一　前条第１項第３号又は第４号に掲げる事項を定めた場合

　二　株式会社が取締役会設置会社である場合

ゆい　スミマセン。えーっと、あ！「公開会社でない株式会社にあっては１週間」って書いてありました。公開会社でない株式会社っていうのは、株式に譲渡制限をつけている会社だから、TSC社もこれに当てはまりますね。ということは整理すると、TSC社は、①株主総会の日の１週間前までに（※公開会社でない株式会社だから）、②書面で（※取締役会設置会社だから）、招集通知を発する必要があるということですね。

部長　そういうことだ。まぁ、１週間前ではなく２週間前に発送しなければならないと勘違いしていたと

しても、結局早めに発送してしまうという事態になるだけだから、結果オーライだったかもしれないが、株主総会の招集の手続きに瑕疵があると大変なことになるぞ！

ゆい　大変なことって、一体…

部長　株主総会の決議が取り消されてしまうかもしれない、ってことだ！（法831条1項）

会社法831条（株主総会等の決議の取消しの訴え）

次の各号に掲げる場合には、株主等（…）は、株主総会等の決議の日から3箇月以内に、訴えをもって当該決議の取消しを請求することができる。…

一　株主総会等の招集の手続又は決議の方法が法令若しくは定款に違反し、又は著しく不公正なとき。

︙

ゆい　ひぇ～。

部長　今回の社長からの御達しは何だったっけ？

ゆい　後で難癖をつけられないように手続きを完璧に遂行できるように準備することです…。

部長　わかっているなら、気を引き締めて頑張っていこうじゃないか！

ゆい　了解です！　部長！

改正Column

株主総会資料の電子提供制度

　現行法上、株主総会参考書類や計算書類・事業報告等（以下「株主総会資料」という）の提供は、書面によることが原則とされています。しかし、事業報告や株主総会参考書類の記載事項の拡充に伴い、増加傾向にある印刷・郵送費用の削減や、少しでも早く株主に対して株主総会資料を提供し株主に十分な検討期間を確保させる等の目的で、インターネットを活用すべきという指摘がされていました。

　そこで、令和元年会社法改正では、株主総会資料の電子提供制度が創設されました。具体的には、株主総会資料を自社のホームページ等のウェブサイトに掲載し、株主に対し当該ウェブサイトのアドレス等を書面で通知する方法により、株主に対して株主総会資料を提供することができるようになります。

　この制度を利用するためには、電子提供措置をとる旨の定款の定めが必要です（改正法325条の2）。この定款の定めがある株式会社の取締役は、原則として株主総会の日の3週間前までにウェブサイトに情報を掲載する必要があります（同325条の3第1項）。また、インターネットを利用することが困難な株主の利益を保護する観点から、株主には電子提供措置がなされた内容を記載した書面の交付を請求することができることとされています（同325条の5第1項）。

　この改正は、対応準備に相応の時間を要すると考えられることや、株主総会実務にも大きな影響を与えると考えられることから、施行時期は、公布の日（令和元年12月11日）から3年6カ月を超えない範囲内において政令で定める日とされています。

［ 株主総会の**運営** ］

部長　さぁ、株主にきちんと招集を通知したら、あとは株主総会本番を待つだけだ。これからは株主総会の当日の運営について確認しておこう。株主総会は会議だね。会議だったら、誰かが議長を務めないといけないが、株主総会は誰が議長を務めるのかな？

ゆい　社長が務めているような気がします。

部長　そうだね。社長が議長を務めている会社が多いと思う。ただ、株主総会の議長を誰が行うのか、という点について会社法上に特段定めはないんだ。そこで、多くの会社は定款の任意的記載事項として、株主総会議長を定めていることが多い。

ゆい　本当ですね。TSC社の定款第16条１項でも「株主総会の議長は、代表取締役社長がこれに当たる」とされています。

部長　株主総会の議長にはどんな権限がある？

ゆい　議長の権限については条文がありました。

> ### 会社法315条 (議長の権限)
> 　株主総会の議長は、当該株主総会の秩序を維持し、議事を整理する。
> 2　株主総会の議長は、その命令に従わない者その他当該株主総会の秩序を乱す者を退場させることができる。

ゆい　普段会社法の条文を読んでいると、すごく機械的っていうか草食系な感じがするんですけど、この条文は「秩序を乱す者を退場させることができる」なんて、結構、肉食系の条文って感じですね！

部長　肉食系の条文って…。若い子のセンスはおじさんにはわからんよ…。ただ、君も聞いたことがあると思うが、戦後日本の上場会社の株主総会の歴史は総会屋との戦いの歴史だったといっても過言ではない。そういう歴史的背景を踏まえてこの条文が存在していることを考えると、なかなか「血湧き肉躍る」感じの条文ではあるよね。

ゆい　「血湧き肉躍る」って？　部長のセンスも私にはわかんないですー。

部長　ハイハイ、雑談はこのぐらいにして、社長が議長として株主総会を仕切って進めていく。なお、仕切るといっても、何の準備もなく、会社法の定めを完璧に遵守した株主総会の運営ができるもんじゃない。だから、実務上は、上場会社の場合だけでなく、中小企業の場合であっても、ある程度シナリオなどを準備して当日に臨むのが大切だろう。あと、株主からの質問が出た場合に備えて、想定問答の準備をしている会社も多い。

ゆい　質問に対する回答も事前準備しておくなんて、気合いが入ってますねぇ。でも、株主から質問をさ

れた場合、絶対に回答しなければならないんでしょうか？

部長　取締役や監査役には株主総会での説明義務があるだろう（法314条本文）。これは重要な規定だからちゃんと理解しておくように。ただ、この説明義務も、あらゆる質問に対して必ず回答することを求めているものじゃないんだ。例えば、その株主総会の目的でない事項については仮に質問があっても回答する必要がないし、これ以外にも、回答することによって株主の共同利益を著しく害するような場合にも回答しなくてよいことになっている（同条但書）。

会社法314条（取締役等の説明義務）

　取締役、会計参与、監査役及び執行役は、株主総会において、株主から特定の事項について説明を求められた場合には、当該事項について必要な説明をしなければならない。ただし、当該事項が<u>株主総会の目的である事項に関しないものである場合</u>、その<u>説明をすることにより株主の共同の利益を著しく害する場合</u>その他正当な理由がある場合として法務省令で定める場合は、この限りでない。

ゆい　なるほど。まぁ、いわれてみれば当たり前ですよね。例えば、株主総会の目的と全然関係ないのに「社長の好みのタイプは？」なーんて質問が出されたときにまで、回答する義務があったらおかしいですよねぇ。

部長 さすがに社長の好みのタイプを質問する株主は
いないと思うが…。でも、実際の株主総会の場面で
は、その質問が株主総会の会議の目的と関係するか
どうかを即時に判断することが難しいこともある。
万一、回答しなかったことが取締役の説明義務違反
になると指摘されると、最悪の場合その決議が取り
消されるリスクもあるんだよ（法831条1項）。だか
ら、実務的にはできる限り丁寧に対応していると
うのが実情だよ。

［株主総会の**決**議］

部長 さて、議長の指揮の下、株主総会がつつがなく
進行したとしよう。株主総会ではその会議の目的で
ある議案を株主総会の場に提案して、株主に賛否を
問う必要がある。当たり前のことだが、株主総会を
運営している会社の立場からすると、会社が提案し
た議案がきちんと株主から賛同を得て、無事に可決
されるかどうか、一番神経を使うところなんだ。

ゆい 会社が提案した議案が否決されたら恥ずかしい
ですもんねぇ。

部長 恥ずかしいかどうか、っていうレベルの問題
じゃないよ。例えば取締役選任議案が否決されたら、
その後、取締役として会社経営が続けられなくなる

ということにもなりかねないだろう？　皆、真剣そのものだ。

ゆい　そうなんですね。取締役に再任されなかったら、報酬ももらえなくなりますもんね。

部長　今日の君は恥ずかしいとかお金がもらえなくなるとか、生々しいコメントばっかりだなぁ。いずれにせよ、切実な問題であることは君もわかっただろう。じゃあ、しっかりと株主総会決議の成立要件を確認していこう。まず、条文を調べてみてくれ。

ゆい　えーっと、ちょっと待ってください。出てきました。会社法309条は次のとおり規定しています。

会社法309条（株主総会の決議）

　　株主総会の決議は、定款に別段の定めがある場合を除き、議決権を行使することができる株主の議決権の過半数を有する株主が出席し、出席した当該株主の議決権の過半数をもって行う。
2　前項の規定にかかわらず、次に掲げる株主総会の決議は、当該株主総会において議決権を行使することができる株主の議決権の過半数（3分の1以上の割合を定款で定めた場合にあっては、その割合以上）を有する株主が出席し、出席した当該株主の議決権の3分の2（これを上回る割合を定款で定めた場合にあっては、その割合）以上に当たる多数をもって行わなければならない。この場合においては、当該決議の要件に加えて、一定の数以上の株主の賛成を要する旨その他の要件を定款で定めることを妨げない。

ゆい　こうやって改めて条文を読んでみると、この条

文は括弧書を読み飛ばしたらダメな感じですね！「定款に別段の定めがある場合を除き」とか「（3分の1以上の割合を定款で定めた場合にあっては、その割合以上）」とか、定款によって定足数や可決要件を変更することが認められていますもん。

部長 おっ、いいところに気がついたね。株主総会決議に関する定足数や可決要件については、実務上も、定款に別段の定めを置いていることも多いんだ。例えば、上場会社など株主が多い会社では、必ずしも株主の出席率や議決権行使率が高いわけではなく議案を付議する前提となる定足数を確保するのが大変なので、定款によって定足数の引下げをしている会社が多いんだ。

ゆい なるほど。TSC社の定款もしっかり確認しておいたほうがいいですね。

部長 そうなんだが、その前に、株主総会決議の成立要件をきちんと整理しておこう。

ゆい 条文をメモに整理すると（次頁、ゆい'sMEMO参照）、大きく分けて普通決議と特別決議の2種類ですね。

部長 そうだね。会社にとって重要と考えられる事項は特別決議として可決要件が厳しくされているんだ。例えば、定款を変更するとか、合併するとかは特別決議とされている。しかも、特別決議は、君が整理

してくれたメモにあるように、定足数や可決数について定款で別段の定めを置くことができる範囲に歯止めをかけている。

ゆい　なるほど。確かに、特別決議についても定款で完全に自由に定足数や可決数を定めることができることにしてしまったら、極端な話、普通決議よりも軽くなってしまうかもしれないし。そうしたらせっかく特別決議として要件を厳しくしている意味がなくなっちゃいますもんね。

ゆい's MEMO

"株主総会決議の成立要件"

✩ 普通決議（309条1項）

　定足数：議決権を行使することができる株主の議決権の過半数

　可決数：出席した株主の議決権の過半数（※定足数、可決数いずれも定款で別段の定めが可能）

✩ 特別決議（309条2項）

　定足数：議決権を行使することができる株主の議決権の過半数（※この数は定款で3分の1まで引下げ可能）

　可決数：出席した株主の議決権の3分の2以上（※この数は定款で3分の2以上に引上げ可能）

部長　さて、TSC社の定款を確認しておこうか。

ゆい　えーっとですね…あ、TSC社の定款でも第17条２項で特別決議の場合の定足数が３分の１まで引き下げられていますね。あと、前に取締役の選任・解任の要件を確認した際にも見ましたが、取締役の選任の場合の定足数が同じく３分の１まで引き下げられていますし（定款第21条１項）、監査役の選任の場合も同じく３分の１まで引き下げられています（定款第32条２項）。定款の別段の定めってホント多いですね。

［ 採決の方法 ］

部長　そのとおり。ところで、普通決議にせよ特別決議にせよ、決議が成立しているかどうかを判断するためには、定足数と可決数を満たしているかどうかの確認が必要になるよね？　実際にどのような形で確認したらいいと思う？

ゆい　会社法には特に規定がなかったと思います。定足数も可決数もいずれも株主の人数（頭数）ではなくて、その株主が有している議決権の数を正確にカウントしないといけないわけだから、出席株主の数が多い会社の場合は、なかなか難しいですね。

部長　そうなんだよ。この点、実務的には、議案の成

立に必要なだけの賛成票が投じられていることが判定できるのであれば、挙手、拍手、その他いかなる方法を採用するかは、議長の合理的な裁量だとされている^(注2)。実際、出席株主数が多い上場会社の株主総会では、拍手によって賛否を確認しているところも多いんだ。

ゆい　なるほど。でも、拍手では実際に何人の方が賛成票を投じているのかよくわからないし、株主数が少ない会社の場合はきちんと挙手などさせたほうがいいケースもありそうですね。

部長　石原君の指摘どおりだよ！　上場会社以外の場合は、通常、株主の数はそれほど多くないし、特に、株式に譲渡制限が付いているような会社では、会社も株主全員の顔と名前が一致するケースも多いだろう。そのような会社では、後日の紛争を回避する観点から、多少時間がかかっても、株主総会に出席した株主全員についてその株主が有する議決権数を確認していくという作業をしていくほうがよいケースもあるだろうね。

ゆい　今回のTSC社についても、完璧に手続きを行うというのが社長の至上命題だとおっしゃってましたから、当日丁寧に確認してもらうように茶屋社長にお伝えしておきましょう。

［ 株主総会の議事録 ］

部長 さて、株主総会で議案の採決も終わって、会社
が提案した議案が可決されたら、株主総会は無事終
了ということになるね。その結果については、どう
しておけばよいかな。取締役会の際に確認した知識
をベースにご意見をお聞かせくださいませ。

ゆい 株主総会の場合も議事録の作成が必要、ってこ
とですね。せっかくだから条文を確認してみます。

会社法318条 (議事録)
　　株主総会の議事については、法務省令で定めると
ころにより、議事録を作成しなければならない。
2　株式会社は、株主総会の日から10年間、前項の議
事録をその本店に備え置かなければならない。
3　株式会社は、株主総会の日から5年間、第1項の
議事録の写しをその支店に備え置かなければならな
い。…

ゆい 株主総会議事録も取締役会議事録の場合と同じ
で10年間、会社の本店に備え置く必要があります。

部長 じゃあ、その議事録は誰でも見ることができるの
かな？　取締役会の議事録の際にはちょっとややこ
しい話があったけど、株主総会議事録はどうだろう？

ゆい 会社法318条4項以下ですね…あっ、これは取
締役会の議事録と比べて随分簡単です。株主と債権
者は、株式会社の営業時間内は、いつでも閲覧や謄

写の請求ができます。

部長　そうだね。ところで、株主総会議事録と取締役
会議事録とでは、その作成に関するルールがちょっ
と違うんだけど、条文からわかったかな？

ゆい　えぇ⁉　どこか違ってます？　取締役会の議事
録の条文と比較してみますね（法369条3項）。あっ、
もしかして、署名や記名押印の部分でしょうか？
株主総会議事録には特に出席取締役等の署名や記名
押印が求められていないですね。

部長　そうなんだよ。株主総会議事録については、法
務省令で議事録を作成した取締役の氏名を記載する
ことが求められているが（会社規則72条3項6号）、
出席取締役等の署名や記名押印は会社法や法務省令
上は求められていないんだ。ただし、株主総会議事
録は、取締役の変更登記などの手続きを行う際に法
務局に提出する書類として利用されるようなことも
多いので、実務上は、株主総会議事録にも出席取締
役等の署名や記名押印をしていることが多いんだよ。

ゆい　なるほど、株主総会議事録は登記手続に利用さ
れることもあるんですね。部長とのお話の中でも登
記の話が何度か出てきましたけど、具体的にどう
やって登記をするのか、今まで一度も考えたことな
かったんで、今日は勉強になりました！

部長「今日は」って何だい。いつも勉強になってるだ

ろう？

ゆい おっと！ 間違えました。「今日も」勉強になりました！ ですね。

部長 ははっ。よろしい。また、ラーメンおごってあげよう。

今回のポイント

1 株主総会は、株主が議決権行使という形で会社の経営に参加する重要な機会です。誰が株主総会で議決権を行使できるのか、実際の株主総会はどのように運営されるのかなど、株主総会に関しては法律上も多数の論点があります。ここでは、実際の株主総会の場面を具体的にイメージしながら、大きな流れを理解しておくことが大切です。

2 株主総会に関する手続きの流れはおおむね次頁のとおりです。

（注1）最判昭和43年11月1日民集22巻12号2402頁。
（注2）東京地判平成14年2月21日判時1789号157頁。

20XX年3月決算会社の定時株主総会スケジュール例
（取締役会と監査役設置会社の場合）〈非公開会社〉

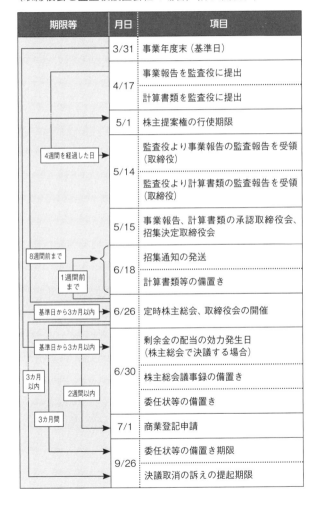

期限等	月日	項目
	3/31	事業年度末（基準日）
	4/17	事業報告を監査役に提出
		計算書類を監査役に提出
	5/1	株主提案権の行使期限
4週間を経過した日	5/14	監査役より事業報告の監査報告を受領（取締役）
		監査役より計算書類の監査報告を受領（取締役）
	5/15	事業報告、計算書類の承認取締役会、招集決定取締役会
8週間前まで 1週間前まで	6/18	招集通知の発送
		計算書類等の備置き
基準日から3カ月以内	6/26	定時株主総会、取締役会の開催
基準日から3カ月以内 3カ月以内 2週間以内	6/30	剰余金の配当の効力発生日（株主総会で決議する場合）
		株主総会議事録の備置き
		委任状等の備置き
3カ月間	7/1	商業登記申請
	9/26	委任状等の備置き期限
		決議取消の訴えの提起期限

179

株主の権利

　株式には、株主総会の議決権以外にも株主が会社に対して有する、さまざまな権利が含まれています。具体的にどのような権利があるのか、その概要を確認してみましょう。

［ 自益権 と 共益権 ］

ゆい　先ほど、株主総会で議決権を行使できない株主がいるというお話がありましたよね？　そんな株主さんは、株式を持っていることで何かいいことがあるんでしょうか？

部長　議決権以外にもさまざまな権利があるんだよ。ほら、コロンブスの話をした際に、出資者への還元の話をしただろう？

ゆい　あ～そうでした！

部長　いずれにせよ、株主の権利は株式会社を理解するにあたって、大切なところだから、ちゃんと条文で確認しておこう。

ゆい　はいっ！　早速、条文調べます。

> **会社法105条（株主の権利）**
> 　株主は、その有する株式につき次に掲げる権利その他この法律の規定により認められた権利を有する。
> 一　剰余金の配当を受ける権利
> 二　残余財産の分配を受ける権利
> 三　株主総会における議決権

ゆい　えーっと、株主には会社から配当を受ける権利がありますね。議決権は行使できないとしても、持ち株数に応じた配当が受け取れるんですね（法105条1項1号）。そりゃそうですよね。そのほか、会社が解散したとき財産が残っていたら分配を受けるような権利もあります（法105条1項2号）。

部長　会社が解散する場合っていうのは例外的な局面なので、中心となるのは配当を受ける権利だね。このように会社から経済的な利益を受ける権利を自益権という。これに対して、株主総会の議決権（法105条1項3号）のように、取締役の選任や解任を通じて会社経営を監督するような権利を共益権という。

ゆい　自益権と共益権。こういう似たような用語は苦手なんですよねぇ～私。

部長　まぁ、そういうなよ。君も将来、どこかの会社の株式を保有することになったら、株主の権利をきちんと知っておかないと損だよ。

ゆい 「知らなきゃ損！」っていわれると真剣に勉強する気になります！

部長 わかりやすいキャラだなぁ、君は。じゃあ、株主にはほかにどんな権利があるか知っているかな？

ゆい えーっと…知りません！

部長 そんな威勢よく答えてどうする…。例えば、株主総会で議決権を行使する前提として、そもそも株主総会が開催されなければどうしようもないだろう？　だから、株主には一定の場合に株主総会の招集権がある（法297条）。また、株主総会に議案を提案したり（法303条〜305条）、株主総会で取締役に質問したりする権利がある（法314条）。

こういった権利も共益権の一種だよ。

ゆい ううぅっ…、まだまだ部長には敵わないですぅ…。

部長 そんなことじゃ困るよ。2月中には京都でTSC社の臨時株主総会が行われる予定だ。もちろん、君にも行ってもらうよ。しっかり頼むな。

ゆい え！　え！　えーっ!?

今回のポイント

1 株主の基本的な権利は、会社法105条1項に記載された3つの権利ですが、それ以外にもさまざまな

権利があります（下表参照）。

2　株主の権利には、1株でも株式を保有していれば行使できる権利（単独株主権）と、一定数の議決権を有していないと行使できない権利（少数株主権）があることも知っておきましょう。

主な共益権とその行使要件

	議決権数・株式数の要件（※1）（※3）（※4）	保有期間の要件（※2）（※3）	権利の内容
単独株主権		要件なし	議決権（308条1項）、議案提案権（304条）、株主総会決議取消の訴えの提起権（831条）、募集株式の発行等・募集新株予約権の発行の差止請求権（210条・247条）、各種書類等の閲覧等請求権、取締役会招集請求権（監査役設置会社、監査等委員会設置会社および指名委員会等設置会社を除く。367条1項）
		行使前6カ月	責任追及等の訴え〔株主代表訴訟〕提起権（847条）、取締役の違法行為差止請求権（360条）
少数株主権	総株主の議決権の1%以上または300個以上	行使前6カ月	取締役会設置会社株主の議題提案権・議案の要領記載請求権（303条2項・305条1項ただし書）
	総株主の議決権の1%以上	行使前6カ月	総会検査役選任請求権（306条）
	総株主の議決権の3%以上または発行済株式の3%以上	要件なし	会計帳簿閲覧等請求権（433条）・検査役選任請求権（358条）
	総株主の議決権の3%以上または発行済株式の3の%以上	行使前6カ月	役員解任の訴えの提起権（854条）
	総株主の議決権の3%以上	要件なし	役員等の責任免除に対する異議権（426条7項）
	総株主の議決権の3%以上	行使前6カ月	株主総会招集権（297条）

（※1）発行済株式には自己株式は含まない（433条1項等参照）。
（※2）非公開会社では保有期間の要件は不要。
（※3）要件は定款で緩和することが可能（加重は不可）。
（※4）複数の株主が共同で権利を行使する場合、各株主の有する議決権数・株式数を合計する。
（参考）伊藤靖史、大杉謙一、田中亘、松井秀征著『リーガルクエスト 会社法第2版』（有斐閣）67頁。

改正Column

株主提案権…議案の数の制限

　本書182頁の部長の説明にもあるとおり、株主には、株主総会に議案を提案する権利、いわゆる株主提案権が認められています。これは株主が有する重要な権利ですが、近時、1人の株主により膨大な数の議案が提案されることや、株式会社を困惑させる目的で議案が提案されるなど、株主提案権が濫用的に行使される事例が見られました。

　そこで、令和元年会社法改正では、株主が提案することができる議案の数を10までとする上限が新たに設けられるに至りました（改正法305条4項）。

　なお、改正法案提出時には、もっぱら人の名誉を侵害し、人を侮辱し、もしくは困惑させ、または自己もしくは第三者の不正な利益を図る目的等の議案の提出を制限する条項の追加が提案されていましたが、国会の審議において会社側が恣意的に提案を拒絶する懸念があるとの意見が出され、最終的には目的等による議案の提出制限に関する条項は追加されませんでした。

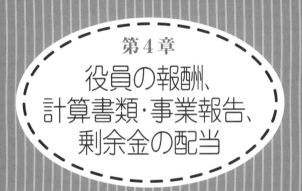

第4章

役員の報酬、
計算書類・事業報告、
剰余金の配当

2015年2月18日　午前10時
—京都市内ティーシード・コンサルティング株式会社
（TSC社）、会議室にて—

　株主席から見た正面には役員席が設けられている。
中心にはTSC社代表取締役の高倉の姿。左右には監査
役である清水と、茶屋の姿が見える。本日の茶屋は
TSC社の取締役としての出席である。

　しかし、取締役である寺町の姿はどこにもなかった。

　高倉は会場を見つめた。株主席には2人の男の姿が
あった。1人は和装の貫禄のある老翁。TSC社の株主
である株式会社柳美（呉服店）の代表取締役の 柳 会長
である。もう1人は若い男。高倉は初めて見る男であっ
たが、同じく株主である株式会社エビス（広告代理店）
の従業員であり、同社社長からの指示で出席している
ことを、受付の際に石原ゆいが確認していた。

　少し緊張した面持ちで、手元の時計を見つめるゆい。
そして時計の針は静かに午前10時を指した。

「高倉社長、定刻になりました。始めてください！」

　議長席に向かう高倉。高倉は、会場に向かって一礼
をした後、深呼吸をしてから口を開いた。

「皆様、おはようございます。ティーシード・コンサ
ルティング株式会社、代表取締役社長の高倉です。当
社定款第16条の規定に従い、私が議長を務めさせてい
ただきます。よろしくお願いします。

　それでは、ただ今から当社臨時株主総会を開会しま
す。本日の会議の目的事項は、お手元の招集通知に記
載されております、当社株式の買取りの件です。まず、
私から議案の内容を説明させていただきますので、ご
質問やご意見のある株主様は、後ほどお願いいたしま
す。」

　高倉は、ここでいったん会場を見渡した。

「まず、当社株式の買取りを提案させていただくに
至った経緯についてご説明いたします。本年１月、当
社取締役でもあり、株主である寺町から『株式を譲渡
したいので承認してもらいたい。もし、承認しない場
合には買取人を指定してもらいたい。』という請求が
ございました。この請求について、当社取締役会で慎
重に審議いたしました。その結果、当社取締役会は寺
町の株式譲渡を承認せず、当社が買い取ることを決定

いたしました。もっとも、当社が寺町の株式を買い取るためには、当社株主総会のご承認が必要となりますので、今回、株主の皆様にお諮りする次第です。それでは、本件につき、ご審議願います。」

黙って聞いていた柳が、すっと右手を挙げた。

「高倉社長はん、ちょっとよろしいやろか。」

（あの怖そうなおじいさんが質問⁉）
ゆいに緊張が走った。

「柳様、どうぞご発言ください。」

落ち着いた声で高倉が答えた。

「高倉社長。アンタとの付き合いは、アンタが会社を立ち上げたころからやさかい、もう15年はたちますなぁ。うちの会社も株主として、応援させてもろてるけど、いつも寺町はんと協力しながら、よー頑張ってくれてはる。それは、ワシも認める。しかし何や、今回の話は。今まで一緒に頑張ってきはった寺町はんの株式を買い取るやて？　ワシは、どうも腑に落ちん。大体、今日は寺町はんも欠席しとるやないか。一体、ど

ないなっとんのや。アンタのご説明によっては、厳し
い対応とらせてもらいますで。」

（ひゃー！）ゆいの心臓の鼓動が早くなった。

高倉は、柳からの質問に対し、丁寧に答え始めた。
これに対し、柳は再質問を行い、その後、二人のやり
取りがしばらく続いた。ゆいには、とてつもなく長い
時間のように感じられた…。

そして、柳との質疑を終えた高倉は採決に移った。

「それでは、本議案にご賛成いただける株主様は挙手
をお願いいたします。」

株主席にいる２人の手は挙がらなかった。

（えーっ！　２人とも反対だとしたら、賛成は高倉
社長の200個、茶屋社長の100個、当社の200個の合計
500個。今回の議案の議決権総数は寺町さんの200個を
除いた800個だから、これだと賛成率は62.5%…３分の
２に満たない…ってことは、ま、ま、まさかの否決⁉）
事務局席で電卓を叩くゆいの手が震えた。

高倉は、力の込もった声で会場に向かって、もう1度訴えかけた。

「株主の皆様、本議案に対する当社の考えは先ほど十分にお伝えさせていただいたと存じます。どうぞ、本議案のご承認をお願いいたします。」

　しばらく、沈黙が流れた。
　腕を組んで瞑想していた柳は、目を開くと、ジロリと高倉の顔を見た後、ゆっくりと右手を挙げた。しかし、もう1人の若い男の手は最後まで挙がらなかった。

　（柳さんが賛成してくれた！　ってことは株式会社柳美の150個を加えて、賛成が650個、賛成率は約81%。3分の2を超えたから可決だ！　やったぁ！）
　ゆいは、事務局席で小さくガッツポーズをした。そして、事務局席から「可決！」と大きく書いたメモを議長である高倉に差し入れた。

「ありがとうございました。ご出席の株主様のうち、3分の2以上のご賛成をいただきましたので、本議案は原案どおり承認可決されました。株主の皆様、本日は誠にありがとうございました。心より御礼申しあげます。」

1

役員の報酬

　取締役や監査役に対して、株式会社から報酬が支給されます。その報酬にはどのような種類があるのでしょうか。また、その支給はどのような手続きを経て行われるのでしょうか。ここでは、報酬に関する規制の基本的事項を確認します。

［ 取締役の報酬には**規**制がある！ ］

ゆい　やぁ〜っと、無事にTSC社の株主総会も終わりましたねぇ。一瞬、「否決？」かとヒヤヒヤしたけれど無事可決されてよかったです‼

部長　確かに、臨時株主総会の件では本当によく頑張ってくれたと思っているよ。ありがとう。石原君。

ゆい　ほえ〜…、部長が褒めてくれるなんて珍しいですねぇ。この頑張り、特別ボーナスが期待できるかなーっ？　ねっ、ねっ、部長〜‼

部長　えらく期待しているなぁ。きっと、何かほしいものでも見つけたんだろう。

ゆい　うふふふっ。そうなんですよぉ！　部長ぉ！

先週末ショッピングに出かけたときに、とっても
素敵なバッグを見つけちゃったんですよねぇ。でも、
お値段がお高くて…で、特別ボーナスに大大大期待
しているってワケです！

部長　ん？　でも石原君、先日もバッグ買ってなかっ
たかい？

ゆい　あれっ、部長にもお話ししてましたっけ？　そ
うそう、先月も１つ手に入れたんですよ。あれもお
気に入りなんです！　けど、今回お目当てのバッグ
は、また違ったよさがあるんですよねぇー。だから、
それもほしいんです！

部長　おじさんには違いがよくわかんないね。まぁ、
君の期待に応えたいのはやまやまだが、ボーナスの
支給額を決めるのは私じゃないから。

ゆい　そうでしょうけど…でも、よく考えてみたら、
ボーナスの支給額って誰が決めるんですか？

部長　会社が決めるんだよ。

ゆい　会社が決めるって、会社は人間じゃありません
し、会社が自分で決められるわけないじゃないです
か！　そんなの答えになってないです！

部長　ははは、ごめんごめん。理屈で考えると、会社
の業務執行をしている人、つまり代表取締役が決定
しているってことになるね。

ゆい　社長って会社が皆に支払うボーナスの額を決め

られるんですね。すごいなぁ。ん？　ってことは…茶屋社長は自分のボーナスの額も自分で決められるってことですか？　いいなあ、私も社長になりたいっ！

部長　おいおい、何を馬鹿なことを…。そもそも、社長は自分のボーナスの額を自由に決められるわけじゃないよ。会社から取締役に対して支払われる報酬の額について、会社法は規制しているんだ。さぁ、いいボーナスをゲットするためにも頑張って条文調べて！

ゆい　バッグのために頑張ります！　はいっ！　条文見つけました！

会社法361条（取締役の報酬等）

　取締役の報酬、賞与その他の職務執行の対価として株式会社から受ける財産上の利益（以下この章において「報酬等」という。）についての次に掲げる事項は、定款に当該事項を定めていないときは、株主総会の決議によって定める。
一　報酬等のうち額が確定しているものについては、その額
二　報酬等のうち額が確定していないものについては、その具体的な算定方法
三　報酬等のうち金銭でないものについては、その具体的な内容

部長　今日はいつになく条文を検索するスピードが速いね。バッグの力は偉大だ！

ゆい　この条文によると、定款で定めるか、株主総会

で定めるか、どちらかなんですね。参考までにTSC社の定款を確認してみましょうか…定款第31条に「取締役の報酬及び退職慰労金は、株主総会の決議によって定める」となっているだけで、金額とか算定方法等は何も書いていないですね。ということは株主総会で決めているんですね。

部長 TSC社の場合はそういうことになる。では、なぜ会社法は定款や株主総会決議で取締役の報酬額を決めることを要求しているんだろうか？

ゆい それは、さっきの私の話ですね。取締役が自分で自分に支給する額を決めることを許すと自分に都合のよい額をどんどん支給してしまうおそれがあるからですよね？

部長 うん。そのとおり。学問的には「お手盛りの防止」の規定って呼ばれたりすることもあるよ。

ゆい 初めて聞きました「お手盛り」なんて言葉。「並盛り」とか「大盛り」とかはよく聞きますけどねぇ。

部長 それって、君がいきつけの牛丼屋さんの話なんじゃないか…。まぁ「お手盛り」なんて言葉、普段は使わないかもしれないけれど、この規制の趣旨を説明するときには、端的で便利なキーワードだから覚えておいたほうがいいだろうね。ちなみに株主総会決議という方法ではなく、定款に具体的な金額を記載するという方法を選択しているケースは実務上

あまり多くないんだ。これはどうしてだと思う？

ゆい　そうですねぇ。定款に記載すると、支給額を変更する度に定款変更の手続きが必要となって、面倒だからでしょうか？

部長　うむ。定款変更には株主総会の特別決議が必要だから（法309条２項11号）、手続的な負担が重いっていうのは確かだね。あと、定款ってどこにあって、誰が見られるんだったっけ？

ゆい　以前確認したのを覚えてますよ。本店と支店に備え置いてあって（法31条１項）会社の営業時間内であれば、株主や債権者が閲覧や謄本の交付請求ができます（法31条２項）。

部長　そうそう。だから、もし定款に取締役の報酬額を記載すると、株主や債権者が定款を閲覧して取締役の報酬額を知るってこともあり得る。まぁ、株主は株主総会を通じて取締役の報酬の額を認識する可能性があるから、まだいいとしても、普通、債権者が取引先の取締役の報酬額なんか知らないだろう？一方、取締役の立場からすると、自分がいくらの報酬をもらっているかということを債権者のようないわば他人に知られたくないという気持ちもあるだろう。本音ベースではそういった観点もあって、定款に具体的な額が記載されているケースはあまり多くないんだと思うよ。

ゆい　フツウ、自分が会社からもらっているお給料の額なんて、他人に知られたくないですもんねぇ。その気持ちはよくわかります。

部長　もっというと、実は株主総会決議においても個々の取締役に対する支給額をきちんと示して決議をとっている会社はあまり多くないといわれているんだ。

ゆい　では、どうやって株主総会で決議するんですか？　さっきの361条でいうと2号にあった算定方法を決める、という形になるんでしょうか？

部長　1号の確定額の報酬の場合であっても、株主総会の決議では「取締役全員に対する支給額の総額」を決めるだけで、個々の取締役への支給額は取締役会で決定する（場合によっては取締役会決議でさらに代表取締役に決定を一任する）という形をとっている会社が多いんだよ。

ゆい　えっ？　でも、そのような決議のとり方で本当に大丈夫なんでしょうか？　条文では「報酬等のうち額が確定しているものについては、その額」って書いてあります。普通に条文を読んだら、株主総会で個々の額を決めなくちゃいけないように思うんですが…。

部長　そういう意見もあるだろうが、株主総会では総額を決めて個々の取締役への支給額は取締役会決議

で決めるという方法でもOKとする最高裁の判例があるんだ^(注1)。裁判所としては、このような決議のとり方であっても「お手盛りの防止」の趣旨は達成されていると考えているんだ。

ゆい　何となくこの部分は裁判所の判断も、ちょっと緩やかな感じですねぇ。あ、でも先日、新聞で「今年の役員報酬額ランキング」みたいな特集を見たんですが、あれは株主総会で個別の人に対する支給額を決議している会社ってことなんでしょうか？

部長　君がいっているのは、上場会社の話だろう？
　上場会社は、会社法ではなく実は金融商品取引法という別の法律の規制に基づいて、毎事業年度ごとに有価証券報告書を作成することが義務づけられているんだ。有価証券報告書というのは、そうだなぁ…、会社法に基づいて作成される計算書類と事業報告を合体させて、それを詳しくした書類というイメージだね。この有価証券報告書に役員報酬を記載する部分があるんだが、その部分の規制が少し前に改正されて、取締役に対する報酬等の総額が1億円以上の場合には個別開示されることになったんだよ。おそらく君が新聞で見ているランキングは有価証券報告書で個別開示された役員報酬をチェックして順位を作っているんだと思うよ。

ゆい　そっかぁ、あれは会社法じゃなくて別の法律に

よる規制のお話だったんですね。上場会社になると会社法だけじゃなくて金融商品取引法の適用も受けるなんて大変ですねぇ。

部長　そうだね、会社法と金融商品取引法の規制は、当然のことながら同一というわけではないから、両方の法律にきちんと適合するように対応することはなかなか大変なんだよ。さらに株式を上場している金融商品取引所（証券取引所）の規程の適用も受けるので、そのチェックも必要だよ。

ゆい　あぁー聞いているだけで混乱しそうですぅ。うちの会社は上場会社じゃなくてよかったぁ！

部長　おやぁ？　でも、当社が上場したほうがボーナス増えるかもしれないぞ。

ゆい　ええっ‼　それなら上場してほしいです！　金融商品取引法でも上場規程でも何でも勉強します！

［ 報酬の種類… ストック・オプション ］

ゆい　そういえば部長、さっきの条文を読んで気になったんですが、取締役が会社から受け取るものについて、「報酬」や「賞与」だけでなく「財産上の利益」という、かなり広い感じのことが書いてありましたよね。取締役になったら、報酬やボーナス以外にも会社からいろいろともらえたりするんですか？

部長　いろいろともらえるかどうかは会社によるだろうから、何ともいえないけれど。この条文の趣旨としては、例えば毎月支給を受ける報酬や賞与にしか規制をかけなかったら、それ以外に何か財産的な価値のあるものを会社から現物支給して、会社法の規制を免れようとする者が出てくるかもしれない。そんなことにならないように、およそ取締役が会社から職務執行の対価として支給を受けるものについては広く規制をかけるようにしているんだよ。

ゆい　なるほど、報酬や賞与以外にも何かもらえることが決まっている、ってわけでもないんですね。ちなみに、実際に「財産上の利益」という部分に含まれるものとして、どんなものがあるんでしょうか？後学のためにご教示くださいませ。

部長　えらく、丁重に聞いてくるねぇ。話しぶりは丁重だけど、君の目には「¥マーク」が浮かんでいるような気がするよ。ははは。

ゆい　部長ひっどーい。まるで私が金の亡者みたいじゃないですか！　でも、どんなものがもらえるのか興味ありますねぇ。

部長　そうだなぁ、メジャーなものとしては退職慰労金が挙げられるだろう。私や君のような従業員が会社を退職した際に退職金が支給されるのと同じように、取締役が退任した場合に退職慰労金が支給され

ることがある。退職慰労金もまさに「職務執行の対価として会社から支給される財産上の利益」に該当するので、取締役に対して退職慰労金を支給する場合にも株主総会決議が必要なんだ。

ゆい　退職慰労金を受け取るためにも株主総会決議がいるんですね。取締役になったら退職慰労金をもらうのも一苦労ですね。

部長　ちなみに退職慰労金についても通常の報酬と同じようにその額をあまり知られたくないという取締役の意向があって、これに配慮する観点から、具体的な支給基準を示した上で、個々の取締役に対する具体的な支給額や支給期日などはその基準に従って定めることを取締役会に一任するという形で決議をとることが判例上許容されている[注2]。でも最近の上場会社では、取締役に対する退職慰労金制度そのものを廃止している会社も多くなっているよ。

ゆい　へぇ、廃止している会社が増えているんですか。それはガッカリ…。

部長　だからというわけではないが、退職慰労金制度を廃止する代わりに、新たに取締役に対してストック・オプションを付与する会社もあるよ。

ゆい　「ストック・オプション」って聞いたことがあります。確か、会社の株が取得できる権利ですよね？

部長　そうだよ。会社法の制度でいうと「新株予約権」

だ（法2条21号）。新株予約権を付与されると、当初定められた額（行使価額）で株式を取得できるので、株価が高くなればなるほど大きな利益を得られる可能性がある。一般的には会社の業績が向上すれば株価が上がることになるから、ストック・オプションを付与された取締役は会社の業績向上のために一生懸命頑張るってわけだ。

ゆい　なるほど、取締役に付与されるストック・オプションは目の前にぶら下げたニンジンみたいなもんなんですねぇ。確かに退職慰労金を支給するよりもストック・オプションを付与するほうが、取締役が頑張れそうな気がします。私もストック・オプションを付与していただければ、ニンジン目指して思いっ切り頑張りますよ！

部長　ははは、でも目の前のニンジンのぶら下げ方、すなわちストック・オプションが行使できる場合（行使条件）の設定にも工夫がいるところなんだよ。というのは、目の前のニンジンほしさに短期的な視点でしか会社経営を考えていなかったり、最悪の場合には粉飾決算等の違法行為に走る危険性も生じてしまうからだ。

ゆい　なるほど、ニンジンも使い方次第ってわけですね。ちなみに、このストック・オプションの付与も「職務執行の対価として会社から支給される財産上

の利益」に該当するってことでしょうか？

部長 そのとおりだよ。ただ、ストック・オプション
を付与することが会社法361条1項のどの号に該当
するのか、という点については考え方の整理の仕方
がいくつかあって、決議のとり方もいくつかのパ
ターンがある。まぁ、これはどちらかというと技術
的な事項だから今は別にわからなくてもいいと思う
よ。知っておいてほしいのは、取締役に職務執行の
対価としてストック・オプションを付与する際には
株主総会決議が必要とされている、という点だ。

ゆい わかりました。いつか私にもストック・オプ
ションが付与されることがあるかもしれないので、
それまでにしっかり勉強しておきます！

改正Column

取締役の報酬に関する規律の見直し

1 取締役の報酬の決定方針

　本書196頁〜197頁の部長の説明にあるように、株主総
会では、「取締役全員に対する支給額の総額」を決めるだ
けで、取締役の個人別の報酬の内容は、取締役会または代
表取締役が決定していることが多いのが実情です。ただ、
報酬は、取締役に適切な職務執行のインセンティブを付与
する手段となり得るものですので、これを適切に機能さ
せ、その手続きを透明化する必要があると考えられます。

　そこで、令和元年会社法改正では、上場会社等におい
て、取締役の個人別の報酬の内容が定款または株主総会
で決定されない場合には、取締役会は、その決定方針を
定め、その概要等を開示しなければならないものとしま
した（改正法361条7項）。

2　金銭でない報酬等の決議内容の明確化

　本書198頁〜202頁にかけて、部長とゆいが金銭以外
の報酬としてストック・オプションの話をしています
が、現在、取締役へのインセンティブとして当該株式会
社の株式や新株予約権を報酬等として付与することが増
えています。もっとも、当該株式会社の株式や新株予約
権を報酬とした場合、既存の株主の持株比率の低下、
希釈化による経済的損失が生じる可能性があるため、そ
の利益保護を考える必要があります。しかしながら、現
行法361条1項3号は単に株主総会において「具体的な内
容」の決議を求めるだけで、株式や新株予約権を付与す
るような場合にどこまで具体的な内容を特定して決議し
なければならないのかが解釈上、必ずしも明らかではあ
りませんでした。

　そこで、令和元年会社法改正では、取締役の報酬とし
て株式や新株予約権を付与する場合の株主総会の決議事
項が明確化されることになりました（改正法361条1項3
号、4号）。また、事業報告による情報開示を充実させる
ことが予定されています。

［ 監査役の報酬の規制は**違う趣旨**？ ］

部長 さて、取締役の報酬に対する規制を確認してきたけれど、では監査役や会計監査人の報酬はどうなっているのかな？

ゆい そもそも、取締役の報酬の規制について部長と議論することになったきっかけは、「会社から支給されるボーナスの額を社長が決める」ってところから始まりましたよね。そして、社長が自分で自分に支給する額を決められるとなると、「大盛り」…じゃなくて「お手盛り」になりかねないから、株主総会の決議を要求しているとのことでした。その理屈で考えると…、社長が監査役の報酬を決めても「お手盛り」というわけではないから、監査役の報酬等は特に規制がないのでは？

部長 ふ〜ん。本当にそれでいいかい？　監査役は何をする仕事なのかな？

ゆい 以前も確認しました。監査の範囲が会計監査に限定されている場合もありますが、基本的には取締役の職務執行全般を監査することです。

部長 そうだね。では例えば、ある監査役がとてもしっかり取締役の職務執行を監査していたとしよう。株主にとってはお目付役である監査役がしっかり頑張ってくれるのは大変ありがたいが、監査される側

の取締役はこの監査役を大変疎ましく感じていたとしようか。そんな取締役が監査役の報酬を決めたら、どうなるのかな？

ゆい 頑張って監査をしてほしくないので、監査役報酬をすごく低くしたりするかもしれないですね。

部長 そうなんだ。逆に監査役のほうも自分の報酬をしっかり支払ってくれる取締役には手心を加えてしまったりするおそれもある。このように、監査役の報酬を取締役が決めるということには「お手盛り」とは別の弊害が考えられる。そこで、会社法は監査役の報酬についても規制を置いている。いつものとおり条文検索して。

ゆい はーい。

> ### 会社法387条 (監査役の報酬等)
>
> 　監査役の報酬等は、定款にその額を定めていないときは、株主総会の決議によって定める。
> 2　監査役が２人以上ある場合において、各監査役の報酬等について定款の定め又は株主総会の決議がないときは、当該報酬等は、前項の報酬等の範囲内において、監査役の協議によって定める。
> 3　監査役は、株主総会において、監査役の報酬等について意見を述べることができる。

ゆい 監査役の報酬も定款か株主総会で決めるんですね。あっ、でも、定款に記載すると金額が株主や債権者にわかる可能性があることや、支給額が変わる

度に定款変更をする必要が生じて事務的な負荷が大きいというのは取締役の報酬の場合と同じだと思うので、やっぱり株主総会で決めているケースが多い、ってことでしょうか？

部長 君がいうとおり。大半の会社は株主総会決議で決めているよ。

ゆい 取締役の報酬も監査役の報酬も「定款か株主総会決議で決める」って点で手続的には共通しているのに、このような規制が置かれている趣旨は随分違うんですねぇ。奥が深いです。会社法。

［ **監査費用の請求** ］

部長 監査役の報酬の話と関連して、一点補足しておこう。監査役が取締役の職務執行を監査する一環として、会社の各拠点に出張することが考えられる。遠方の拠点へ出張するとなると、相応の交通費がかかったりするよね。

ゆい もちろん、そうですね。

部長 一方、取締役が内心「そんなに一生懸命に監査してくれなくて結構だ」という気持ちを持っていたとしよう。そんな取締役が、監査役に対して出張交通費等をきちんと支給するだろうか？

ゆい 例えば、会社の拠点にいってほしくなかったと

したら、監査役に出張交通費なんか支払わないかも
しれないですね。

部長　そうなんだよ。そんなことになってしまうと、
きちんとした監査がなされなくなってしまうだろ
う。そこで、会社法では、監査役が監査に必要な費
用を支出した場合には、これを会社に請求できるこ
とを明文で定めている（法388条）。また、監査役か
ら請求を受けた会社は、その費用が監査役の職務の
執行に必要でないことを証明しない限り、支払いを
拒むことができないと定めて、監査役が適正な監査
を実施するために必要な費用をきちんと受け取れる
ようにしているんだ。

ゆい　会社法は、監査役が経済的な側面で取締役から有
形無形の圧力を受けることを防ぎ、監査役としての職
責を全うできるよう、制度上もいろんな配慮をしてい
るんですね。う〜ん。やっぱり奥が深いです。会社法。

［ 会計監査人の**報**酬 ］

部長　監査役の報酬の次は、会計監査人の報酬につい
ても見ておこうか。会計監査人の報酬については何
か規制があると思う？

ゆい　そうですねぇ。会計監査人は公認会計士という
専門的な資格を持っている方が、会社の経理処理等

に切り込んでいってチェックするんですから、取締
役にとっては監査役と同じように多少煙たい存在に
なるでしょうね？　…そうすると、監査役の報酬を
取締役が決めることに問題があるというのと同じよ
うな状態だといえると思います。だから、会計監査
人の報酬についても、取締役が自由に決められるの
ではなく、定款か株主総会決議で決める、ってこと
にされているんじゃないでしょうか？

部長　おっ！　よく考えているね。でも、会社法の規
制の仕方は違うんだな、これが。

ゆい　えぇ〜っ!!　自信あったのに…。

部長　がっかりしてないで、さぁ条文を調べて！

ゆい　はい。えーっと、この条文でしょうか。

会社法399条（会計監査人の報酬等の決定に関する監査役の関与）

　　取締役は、会計監査人又は一時会計監査人の職務
を行うべき者の報酬等を定める場合には、<u>監査役（監
査役が2人以上ある場合にあっては、その過半数）
の同意</u>を得なければならない。
2　監査役会設置会社における前項の規定の適用につ
いては、同項中「監査役（監査役が2人以上ある場
合にあっては、その過半数）」とあるのは、「監査役会」
とする。

ゆい　なるほど、取締役だけに決めさせてはいけない、
という発想はあるんですね。かといって、監査役の

場合のように定款や株主総会の決議まで要求せず、株主から選任されたお目付役である監査役が会計監査人の報酬額が適正な額となっているかどうかを確認することを期待しているんですね。そういえば、以前、監査役は会計監査人の解任権限も持っているという話がありましたが、報酬の同意権もその一環というような感じですね。

部長　そうなんだよ。う～ん、本当に奥が深いねぇ。会社法。

ゆい　それ…私がいいましたけど。

今回のポイント

　株式会社から取締役に対して支給される財産上の利益は、お手盛り防止の観点から広く株主総会決議が必要とされています。一方、同じ株式会社の機関である監査役や会計監査人に対する報酬の支給は、取締役の場合とは規制目的が異なっており、報酬額決定に関する手続的な規制も異なっています。本書で確認したルールはいずれも基本的な事項ですので、きちんと理解しておきましょう。

（注1）最判昭和60年3月26日判時1159号150頁。
（注2）最判昭和39年12月11日判時401号61頁。

2015年2月18日　午後7時
―京都市内、某Barにて―

　茶屋と高倉のグラスになみなみとシャンパンが注がれた。

「高倉さん、お疲れさんだったね。さぁ乾杯！」
「ありがとう茶屋さん。乾杯！　とりあえず無事終わったな。」
「おー。とりあえず一段落だな。」
「しかし、今日はハラハラしたな。柳会長とは、長年の信頼関係があるから当然賛成してくれるものだと信じていたが、最初に手を挙げてくれなかったときは少々焦ったよ。」
「確かに、今日の柳会長はすごい迫力だったな。でも高倉さんが誠意を持って説明を尽くしているのは横で見ていてもよく伝わってきたから、僕は心配していなかったよ。」
「ありがとう。今回は茶屋さんに本当に世話になったな。特に君の会社の法務部員、えーっと石原君だったっけ？　事前に彼女から説明をしてもらっていたので、非常にスムーズに対応することができた。なかなか優

秀だな。彼女は。」
「まだまだ駆け出しで、おっちょこちょいのところも
あるが、ガッツと度胸があって、当社の法務部員とし
て期待しているんだよ。」

　茶屋は、うれしそうな顔で答えた。

「本当に将来が楽しみだな。それに比べてTSC社には
法務部員なんていないから心もとないもんだ。今日の
株主総会は何とか乗り切ったけれど…。今後、伊達氏
が違う方法で当社に接触してくる可能性もある。これ
を機にTSC社の社内体制をしっかり構築していく必
要性があると感じているんだが、どこから手をつけた
ものか。うちにも、石原君のような法務部員がいてく
れると助かるんだが…」

　高倉は、手に持ったシャンパングラスの中で小さく
弾ける泡をしばらく眺めていた。そして意を決したよ
うに口を開いた。

　「茶屋さん、ちょっと相談なんだが、石原君をしばら
くうちの会社に預けてくれないか…？」

2 計算書類と事業報告

株式会社が事業年度ごとの成果を株主に情報提供するための重要なツールが、計算書類と事業報告。ここでは、具体的にいつ、どのような内容の書類が作成されるのかを確認しましょう。

[計算書類と事業報告って**どんなもの？**]

部長 以前、株主総会の準備について検討した際に、計算書類や事業報告の話が出てきたのを覚えているかな？

ゆい もちろん、覚えています。頭がパンクしそうになりましたから。ただ、先日のTSC社の株主総会は臨時株主総会だったため、計算書類とか事業報告は取り扱うことがなかったので、助かりました。

部長 無事にTSC社の株主総会も終わって一段落したことだし、石原君の頭のパンク修理もぼちぼち終わったころかな？

ゆい 部長って、結構しつこいですねぇ。そんなことばっかりいってたら、女子に嫌われますよ！

部長 はいはい。でも今後の参考のために、前に積み残しになっていた計算書類と事業報告について確認しようと思うんだ。まず、条文でも調べてみようか。

ゆい あのとき部長の話を聞いて頭がパンクしそうになったけれど、あまりにも情けない話だなぁと反省して、あの後、自分でちょっと勉強したんです！

部長 へぇ、感心感心。まぁ僕は、石原君ならきっとそうやって発奮してくれると信じて、わざとああいう言い方をしたんだけどねぇ。

ゆい 怪しいなぁ…まあいっか。とりあえず、私が勉強したことをちょっと説明してみますので、部長、聞いててくださいね。会社法435条～443条にかけて、計算書類や事業報告に関する規定があります。まず435条では次のように規定されています。

会社法435条 (計算書類等の作成及び保存)

2　株式会社は、法務省令で定めるところにより、各事業年度に係る計算書類（貸借対照表、損益計算書その他株式会社の財産及び損益の状況を示すために必要かつ適当なものとして法務省令で定めるものをいう。以下この章において同じ。）及び事業報告並びにこれらの附属明細書を作成しなければならない。

⋮

4　株式会社は、計算書類を作成した時から10年間、当該計算書類及びその附属明細書を保存しなければならない。

ゆい 今回はちゃんと括弧内も読みましたし、法務省令（ここでは会社計算規則を指す）も調べました。計算書類というのは次の4種類になります。

ゆい's MEMO

"計算書類"

① **貸借対照表**
② **損益計算書**
③ **株主資本等変動計算書** (計算規則59条1項)
④ **個別注記表** (計算規則59条1項)

ゆい ちなみに私、数字って苦手なんで…あ、そういえば以前、監査役の監査の範囲が会計監査に限るかどうかということを部長とお話しした際にも「君は数字苦手だろう？」って部長に突っ込まれたのを思い出しちゃいました。部長って私にいつもヒドイことといってませんか？

部長 そんなこといったっけ？

ゆい まぁ、いいですよ。いずれにせよ、私は数字って苦手なんで、貸借対照表とか損益計算書ってちゃんとイメージが湧かないので、実物を見ようと調べてみました！

部長 へぇ、すごいじゃないか。どうやって調べたんだい？

ゆい　前に上場会社の定款はインターネットで確認できる、って部長おっしゃっていましたよね。そのときに教えていただいた「東証上場会社情報サービス」では、東京証券取引所に上場している会社の定時株主総会の招集通知も確認できるんです。

部長　ほう。それで？

ゆい　招集通知には、計算書類が添付されるんですよね（法437条）。だから、これを見れば、実際に上場会社で用いられた貸借対照表とか損益計算書（次頁参照）などが確認できるってことですよ！　部長、ご存じでしたか？

部長　当然、知っているよ。しかし、今までの知識を使ってよく調べたね！　いや、すばらしい！

ゆい　部長、本当にご存じだったんですかぁ!?　なぁんか、目が泳いでますよ〜。

部長　ハイハイ、オトナをからかうのはよしなさいな。それよりも、説明を続けて、続けて。今日の石原君の説明は、私も聞いて勉強になる話が多そうだし。

ゆい　やっぱりご存じなかったんでしょう、さっきの話。

じゃあ、説明を続けますね。この計算書類は、わかりやすくいうと会社の1年の業績についての成績表ですね。1年間事業をした結果、売上げはどうだったのか？　利益は出たのか？　会社の財産が増えた

貸借対照表

平成XX年3月31日　現在

株式会社○○○○○ （千円）

資産の部		負債の部	
流動資産		流動負債	
現金預金	XXX	買掛金	XXX
売掛金	XXX	短期借入金	XXX
棚卸資産	XXX	未払費用	XXX
繰延税金資産	XXX	未払金	XXX
その他流動資産	XXX	未払法人税	XXX
貸倒引当金	XXX XXX	賞与引当金	XXX XXX
固定資産		固定負債	
有形固定資産		長期借入金	XXX
建物	XXX	社債	XXX
土地	XXX XXX	退職給付引当金	XXX XXX
無形固定資産		負債合計	XXX
ソフトウエア	XXX XXX	純資産の部	
投資その他の資産		資本金	XXX
投資有価証券	XXX	資本剰余金	
関係会社株式	XXX	資本準備金	XXX XXX
長期貸付金	XXX	利益剰余金	
差入保証金	XXX	利益準備金	XXX
長期前払費用	XXX	繰越利益剰余金	XXX XXX
貸倒引当金	XXX XXX	純資産合計	XXX
資産合計	XXX	負債・純資産合計	XXX

損益計算書

自 平成XX年4月 1日
至 平成XX年3月31日

株式会社○○○○○ （千円）

売上高	50,000,000
売上原価	22,000,000
売上総利益	28,000,000
販売費及び一般管理費	16,000,000
営業利益	12,000,000
営業外収益	1,500,000
営業外費用	4,000,000
経常利益	9,500,000
特別利益	800,000
特別損失	2,000,000
税引前当期純利益	8,300,000
法人税、住民税及び事業税	3,300,000
当期純利益	5,000,000

のか減ったのか？　などなど、表の形にまとめて株主に対して提供するものです。事業報告は、ある事業年度についての会社の説明書みたいなものですね。事業年度中の経過について説明されているので、一緒に作成される計算書類の内容を文章で説明している側面もあると思います。この１年、会社はどのように事業を遂行してきたのか？　取締役や監査役はちゃんと仕事をしたのか？　会社にとっての今後の課題は何か？　などが文章で書いてあります。

部長　なるほど、なるほど。ちなみに、計算書類や事業報告は誰の責任で作るのかな？

ゆい　作り込みの作業は経理部をはじめとする会社の現場スタッフの方が作成されると思いますが、最終的には取締役会できちんと承認することが必要です（法436条３項）。

部長　例えば、業績が悪かったような場合には、そのまま数字を報告書にして株主に提供するのは嫌なので、取締役が数字を細工してしまうようなおそれがないかな？　悪くいうと粉飾のリスクはないのかな？

ゆい　確かにそのような状態が生じる危険性はないとはいえません。そこで、会社法は、取締役以外の立場からのチェック機能を置いています。まず、監査役によって、計算書類と事業報告の双方が監査され

ます（法436条1項）。また、会計監査人が設置されている会社の場合は、会計監査人によって計算書類が監査されます（法436条2項1号）。なお、会計監査人には事業報告のチェックは要求されていません（法436条2項2号）。

> **会社法436条（計算書類等の監査等）**
> 　　監査役設置会社（…）においては、…計算書類及び事業報告並びにこれらの附属明細書は、…監査役の監査を受けなければならない。
> 2　会計監査人設置会社においては、…当該各号に定める者の監査を受けなければならない。
> 一　…計算書類及びその附属明細書　監査役（…）及び会計監査人
> 二　…事業報告及びその附属明細書　監査役（…）
> 3　取締役会設置会社においては、…計算書類及び事業報告並びにこれらの附属明細書（…）は、取締役会の承認を受けなければならない。

部長　そうやって、取締役が自分の都合のよいように計算書類や事業報告を作成することを防止しているんだね。

［計算書類と事業報告の確定］

部長　監査役や会計監査人によってチェックされた計算書類や事業報告は、定時株主総会の招集の際に株主に提供されることになっているんだけど（法437

条)、なぜ「定時株主総会の招集」の際に株主に提供することになっているんだと思う？

ゆい　それは定時株主総会の目的と関連すると思います。定時株主総会の重要議題の1つとして取締役の選任がありますが、株主が取締役選任について議決権を行使するためには、そのための判断材料が必要です。その1つが計算書類や事業報告だと思います。株主は、直前1年間の会社の経営成績を計算書類や事業報告という書類によって確認し、その取締役が経営者として期待するようなパフォーマンスを上げているのかどうかを見極めて、議決権行使にあたっての参考にできるんです。

部長　なるほど。確かに計算書類や事業報告にはそのような株主への情報提供という役割があるね。そうすると、単に「定時株主総会の招集の際に」、すなわち事前に株主に送ってしまえばそれで足りるということなんだろうか？　実際に開催された株主総会の当日は、これら書類について説明したりする必要はないんだろうか？

ゆい　計算書類と事業報告はちょっとルールが違うところがあります。

まず、事業報告ですが、定時株主総会の際にその内容を「報告」する必要があります（法438条3項）。

> **会社法438条 (計算書類等の定時株主総会への提出等)**
>
> 2 ……計算書類は、定時株主総会の承認を受けなければならない。
> 3 ……事業報告の内容を定時株主総会に報告しなければならない。

部長 どのようにして「報告」する？ 事前に株主に提供している事業報告をわざわざ全部読み上げるのかい？

ゆい いいえ。一言一句読み上げなければならないというものではなく、重要なところにメリハリをつけて報告すれば十分です。なお、最近、上場会社の場合には、株主がより理解しやすいように株主総会の会場スクリーンに製品のイメージ写真やカラフルな図表などを駆使しながら報告する会社も多いらしいですよ。

部長 「株主総会のビジュアル化」っていうやつだね。私もいくつかの上場会社の定時株主総会に参加したことがあるが、最近は本当にわかりやすくなっていると感じるよ。

ゆい そうなんですねー。

私は今までそんな経験がないので、わからない世界です。だって、株式を購入するお金もないですし…でも、もし今度のボーナスを弾んでもらえたら、私

も株式を購入することができるかも。部長、よろし
くお願いしまぁっす！

部長　今までしっかり説明してくれていたのに、何か
話が脱線し始めたな…。はいはい、軌道修正して！

ゆい　はぁい。じゃあ続きのご説明をしますね。計算
書類のほうは、単に株主に報告するだけは足りなく
て、原則として、株主にその内容についてOKをもら
わないといけません（法438条2項）。

部長　「原則として」ということだが、例外があるのか
な？

ゆい　はい。例外があります！　会計監査人が設置さ
れていて、会計の専門家の目線でチェックした結果、
特に限定をつけられることもなく適正という意見を
もらった場合には、わざわざ株主の承認を得る必要
はなく、単に定時株主総会の場で内容を報告するだ
けでOKです（法439条）。公認会計士という専門家の
目線でのチェック結果が尊重されるってわけです。
ちなみに、上場会社の場合、会計監査人にしっかり
チェックしてもらって「無限定適正」という意見を
もらっているのが通常なので、計算書類の承認議案
が付議されることはあまりないらしいです。

部長　うん。そうだね。上場会社で計算書類の承認議
案が付議されるケースというのは、何らかの事情で
会計監査人と取締役との意見対立があるなどイレ

ギュラーなケースなので、そういう事態が起こると
ちょっとしたニュースにもなるぐらいだよ。

ゆい　へぇ。そうなんですね。

部長　ここまで上場会社の取扱いに関する説明が多
かったので、最後にTSC社に当てはめて再確認して
おこうか。

ゆい　はい。まず、先日のような臨時株主総会の場合、
その招集の際に計算書類や事業報告を添付する必要
はないです。当然、臨時株主総会でこれら書類の報告
等も不要です。これに対して、定時株主総会の場合
は、招集の際に計算書類や事業報告の添付が必要で
すし、株主総会の際に報告する必要があります。な
お、TSC社には会計監査人が設置されていないので、
計算書類は単に報告だけでは足りず、きちんと議案
として付議して株主の承認を得る必要があります。

部長　お見事！　今回は上場会社のことも含めてよく
調べてくれていたね。このあいだの株主総会の対応
といい、随分と成長が見られるね。これからもこの
調子でいろいろと調べてくれると助かるよ。頑張っ
てくれ！

ゆい　はぁ～い。頑張りまっす！　きっと、ボーナス
も弾んでもらえるだろうから！

部長　げっ…。

［ 計算書類や事業報告の**保存** ］

部長　定時株主総会で報告や承認という手続きが終わった事業報告や計算書類は、その後どうしておけばよいのかな？

ゆい　会社の本店や支店に備え置く必要があります。ここは、条文を読みながらちょっと整理していたので、そのメモでご説明します。

ゆい's MEMO

"備え置くものとその期間"

✿ **本店の場合（法442条1項1号）**

　備え置くもの……計算書類と事業報告の原本
　　　　　　　　　（これらの附属明細書も）

　備え置く期間……定時株主総会の2週間前から
　　　　　　　　　5年間（取締役会非設置会社
　　　　　　　　　は1週間前から）

✿ **支店の場合（法442条2項1号）**

　備え置くもの……計算書類と事業報告の写し
　　　　　　　　　（これらの附属明細書の写しも）

　備え置く期間……定時株主総会の2週間前から
　　　　　　　　　3年間（取締役会非設置会社
　　　　　　　　　は1週間前から）

部長　本店だけではなく、支店にも写しを備え置く必要がある点に注意が必要だね。

ゆい あと、備え置きとは違うのですが、計算書類の
うち貸借対照表だけは、定時株主総会が終わった後、
遅滞なく公告もしなければならないんです（法440
条１項）。

部長 出た！ 前に君が「広告」と間違った公告だ。公
告って実際にどうやって行うのか知っているかい？

ゆい ふーんだ。前に部長に突っ込まれて悔しかった
から、あの後、私もちゃーんと勉強したんですよ！
会社の公告方法としては３つの方法があります。こ
のうち、「電子公告」以外の「官報」か「日刊新聞紙」
に掲載することを定款で定めている会社は、貸借対
照表そのものではなくその要旨を掲載するだけで
OKです。でも、私が調べたところでは、きちんと公
告している会社は意外と少ないらしいんですよね。

会社法939条（会社の公告方法）

　会社は、公告方法として、次に掲げる方法のいずれ
かを定款で定めることができる。
　一　官報に掲載する方法
　二　時事に関する事項を掲載する日刊新聞紙に掲載
　　する方法
　三　電子公告

部長 ふむ。確かに、会社の財務内容を自分の会社の
株主に伝えるのはともかく、広く一般に知られるこ
とについて会社には抵抗感があるんだろうね。あと、

官報や新聞に掲載するためにはそのための費用もかかってくるのも会社にとってはうれしくない。そんな理由から公告義務をきちんと履行している会社が少ないといわれている。ただ、この費用面の問題をクリアする方法として会社法は自社のウェブサイトに貸借対照表をアップすることで公告に代えることを認めている（法440条3項）。実は、当社は、公告ではなく、この方法をとっているんだよ。

ゆい　あぁ、そういえば、当社ウェブサイトに当社の貸借対照表がアップされていますね。これはそういう意味だったんですね！

今回のポイント ———————

　計算書類（貸借対照表、損益計算書、個別注記表、株主資本等変動計算書）と事業報告は、誰が作成し、誰からチェックを受け、最終的にどのような形で保存されるのか、という一連の流れをきちんと理解しておくとよいでしょう。この流れは、会社の機関設計によって、手続きが異なる部分がある点に注意が必要です。

2015年2月下旬
―静岡市内、株式会社ティーシード社長室にて―

　茶屋と福山は、茶屋のデスクの前に置かれた応接セットのソファに腰掛け、向かい合っていた。

「で、どうだろう。福山君、君の意見は？」
「そうですね。彼女のここ１～２カ月の成長はなかなかのものです。１人でもある程度しっかりした対応ができると思います。まぁ、私の本音を申しあげると、当社のほうでさらに頑張ってもらいたいところですが…」

　茶屋は、ソファーに腰掛けたまま、しばらく目をつむっていた。

「君の意見はよくわかったよ。しかし、TSC社の法務面でのテコ入れは当社にとっても重要な課題だ。私としては、根性があって１人でもしっかり頑張れるような人材を送り込む必要があると思っている。」

　福山はしばらく黙っていた。
「後は、茶屋社長のご判断にお任せいたします。」

剰余金の配当

　株主に対する配当は、営利目的で設立される株式会社の根本に関わる重要な行為の1つです。どのような場合に配当ができるのか、配当を行うためにどのような手続きを行う必要があるのか、という点を確認しておきましょう。

［ 剰余金の**配**当に関する考え方 ］

ゆい　フムフム。このあいだ私が調べた計算書類や事業報告。これらの書類によって、株主は前事業年度の経営成績や会社の現状を知ることができるのか。…でも、株主としちゃあそれだけじゃ物足りねぇ。

部長　おいおい、突然時代劇モードに入ったのかい？

ゆい　へいっ！　で、そこの福山部長さん、株主さんは何をしてほしいんだと思うよ？

部長　銭、でござろうか。

ゆい　あぁ、銭じゃ銭ぃ。会社が儲かったんなら、ちゃんと株主にも分けてもらわなきゃあ、世の中とおらねぇ…！

227

部長 …そろそろやめないか？　その時代劇モード。

ゆい はーい。というわけで部長、計算書類や事業報告を調べた流れで、株主への配当についても整理したので、聞いてもらえますか。

部長 へいっ！

ゆい あー部長のほうがまだ時代劇モードじゃないですか。いいですか、始めちゃいますよ。

　会社が事業を行って利益が出た場合、株主への分配を考えます。でもこのときに考えなければならない視点が2つあります。

部長 その視点2つとは？

ゆい 1つ目は、株式会社の継続性という視点です。株式会社は1つのプロジェクトが終わったら解散してしまうというような存在ではなく、基本的には事業を継続し、継続的に利益を上げていく存在だっていうことです。株主からすれば、儲かった分は全部配当してほしいと考えるかもしれませんが、会社を経営している取締役としては、全額分配してしまうのではなく、新しい事業展開等のために残しておくほうがよいという判断が出てきます。

部長 なるほど。じゃあ、2つ目の視点は？

ゆい 株式会社の債権者の視点です。株主は有限責任であって（法104条）、基本的に自己の出資部分以上の責任を負うことがありません。そのような株式会

社と取引する債権者からすれば会社財産だけが頼り
です。その会社財産から無制限に株主に配当がなさ
れてしまうと、会社債権者は困ってしまうので、一
定の歯止めが必要だ、という視点です。

部長 なるほど。今大事な言葉が出てきたね。株主の
有限責任。前にも一度見たけれど、大事だからもう
一度条文を見ておこうか。

ゆい 了解です。条文は次のとおりです。

会社法104条（株主の責任）

　株主の責任は、その有する株式の引受価額を限度と
する。

部長 ありがとう。シンプルな条文だけど、株式会社
の本質に関する大切な条文だね。さぁ、配当につい
ての話を続けてもらおうか。

ゆい 先ほど説明した2つ目の考え方…株式会社の債
権者の視点に基づいて出てくるのが分配可能額（法
461条2項）という概念です。以前に話に上がりまし
た。

部長 確かにそんな話もしたね。

ゆい で、今回改めて分配可能額について調べてみた
んですが、その計算方法は…複雑です。

というわけで、これを細か〜く説明できるようにな
るっていうのは今の私には必要ないと勝手に判断し

ちゃいました。エへ。

部長 まったく君は…。でもまぁ、さっき説明してく
れた「会社債権者保護の観点から分配可能額という
概念がある」ってことをちゃんと理解しているよう
だから、ヨシとしよう。

ゆい ホッとしましたぁ～。ありがとうございます。
で、結局まとめますと、この分配可能額の範囲内で、
かつ、取締役は今後も株式会社が永続していくとい
う前提で会社に留保しておくべき金額を考慮し、株
主への配当を実施する、ということになります。

部長 よしよし、基本的なところがしっかり理解でき
ているようだね。

[配当手続について]

部長 じゃあ、引き続いて具体的な配当の手続きを教
えてもらおうかな。

ゆい はい。会社が剰余金の配当をしようとするとき
には、原則として株主総会の決議が必要です（法454
条1項）。でも、これにはいくつか例外があります。
その1つが中間配当です（法454条5項）。

> **会社法454条（剰余金の配当に関する事項の決定）**
> 　　株式会社は、前条の規定による剰余金の配当をしようとするときは、その都度、株主総会の決議によって、次に掲げる事項を定めなければならない。
> 　　　　　　　　　　　：
> 5　取締役会設置会社は、<u>１事業年度の途中において１回に限り取締役会の決議によって剰余金の配当</u>（配当財産が金銭であるものに限る。以下この項において「中間配当」という。）をすることができる旨を定款で定めることができる。…

部長　取締役会設置会社は１事業年度に１回だけ、中間配当ができるんだね。ちなみに中間配当を実施するためには定款の定めが必要なようだが、TSC社の場合はどうだったかな？

ゆい　そのことも確認しました。TSC社の定款第37条では、毎年９月に中間配当ができる旨の定めがありました。したがって、TSC社は取締役会決議によって中間配当が可能ということになります。

部長　中間配当は、わざわざ「１回に限り」と書いてあるが、それ以外の配当に何か回数制限はあるんだろうか？

ゆい　株主総会決議を経れば年に何回でも配当をすることは可能です。ただ、頻繁に株主総会を開くことはあまり現実的ではないように思います…。

部長　そうだね。じゃあ、中間配当以外にはどんな例

外があるかな。

ゆい これはどの会社でもできる、ってわけではない
んですが、一定の要件を満たす会社は、剰余金の配
当権限を取締役会に与える余地があります（法459
条1項）

部長 そのようなことができる会社はどんな会社だろ
う？

ゆい 代表的な例としては、「会計監査人」と「監査役
会」を設置している会社が「取締役の任期を1年」
とした場合です。以前、部長と取締役の任期の話を
した際に、部長から「上場会社では、取締役の任期
を1年に短縮しているケースが多い」って教えてい
ただいた話がこれですよね？

部長 そのとおり、よく覚えているね。

ゆい ただ、前記のような要件を満たす会社なら、ど
の会社でも取締役会決議で配当ができるというわけ
ではないんです。まず、「剰余金の配当について取締
役会が定められる」ってことを定款に定める必要が
あります。あ、一応、TSC社の定款も見ました。ただ、
もちろん、そのような定款の定めはありません。だっ
て、TSC社は会計監査人や監査役会を置いている会
社ではないので、そもそも、このような定款の定め
を置くことはできませんから。

部長 そうだね。

ゆい　それにしても、会社法では本当に定款が大切なんですねぇ。いつでもどこでも「定款」って出てきますもんね。

部長　で、定款に定める必要がある以外に、何か押さえておくことはあるかな。例外とかは？

ゆい　これは、ちょっと細かい話かもしれないんですが、きちんと定款の定めを置いている会社であっても、会計監査人が計算書類について何らかの意見をつけたような場合には、取締役会決議によって配当をすることはできないんです。剰余金の配当の基礎となる計算書類が信頼に足りるものではないような場合にまで取締役会決議で配当をさせるわけにはいかない、ってことですね。

部長　そうだな。本当によく調べている。以前に話をしたこともきちんと覚えているし、この数カ月で別人のような成長ぶりだ。僕も感慨深いよ。

ゆい　ありがとうございます！　でも部長がそんなに褒めてくれるなんて気持ち悪いなぁ。何かあったんですか？

部長　いやいや。君の成長ぶりに、つい、うるっと。

ゆい　部長、ちょっと涙目になってません？　何かお別れみたいですよ。気持ち悪いです…。

あ、もう終業時間です‼　またラーメンご馳走してくださいよ〜！　このあいだ、美味しそうなお店を

見つけたんです！

部長 そうだな、ラーメンでも食べにいくか！ 今日も大盛り注文していいぞ！

ゆい やったあ！

今回のポイント ────────

1 剰余金の配当は、会社財産の流出を意味しますので、会社債権者保護からの規制（分配可能額の規制）の範囲内で、会社の将来の投資等を勘案し一定額を留保した上で実施されるのが一般的です。

2 剰余金の配当を行うためには原則としては株主総会の決議が必要ですが、例外的に取締役会決議で配当ができる場合があります。どのような場合に取締役会決議で配当ができるのかを押さえておきましょう。

エピローグ◉辞令

2015年2月下旬
─株式会社ティーシード東京事業所内社長室にて─

　少し緊張した面持ちで、石原ゆいは社長室の前に立っていた。そして、深呼吸すると軽く社長室のドアをノックした。

「どうぞ、入りたまえ。」
「失礼します。茶屋社長、お呼びでしょうか？」
「おー、石原君よくきた。まぁ、そこのソファに座ってくれたまえ。」
「あっ、ありがとうございます、社長。」

　ゆいは、社長にすすめられるまま、ソファに腰掛けた。

「石原君、年始早々からのTSC社の株式譲渡への一連の対応、本当によく頑張ってくれた。このあいだのTSC社の株主総会の事前準備も行き届いていてよかったよ。株主総会の後、TSC社の高倉社長も君のことをとても褒めていたよ。」
「ありがとうございます！　頑張った甲斐がありました。」

「その頑張った君に、1つ提案があるんだが…」

　石原ゆいの胸が高鳴った。
（もしかして期待していた、特別ボーナス??　あるいは昇給??）

「この春から1年間、京都のTSC社で働いてみる気はないかな？」
「えーーー‼」

同じころ
―京都市内、某所―

　スマートフォンで会話しながら歩く1人の男の姿があった。

「あーもしもし。俺だ。株主総会に代理で出席させていた者から、結局、寺町のティーシード・コンサルティングの株は会社が買い取るという結果になったと報告があった。ま、今回のことで、TSC社にどの程度の対応力があるのか、大体わかったから、よしとしようか。早速だが、次の手について相談したいんで、近いうちに時間をとってくれないか。」

◉寺町の事情4

―京都市内、某所―

　寺町は、TSC社から書留で届いた書類を開封した。書類には、寺町の株式をTSC社が買い取ることが株主総会で決議されたこと、また、法律に基づいて計算された額をTSC社が供託することを示す書類も同封されていた。寺町は、書類をゆっくりと封筒に戻すと、携帯電話を手に取った。

「もしもし、伊達さんですか？　寺町です。私が伊達さんにお預けしていたティーシード・コンサルティングの株式は、会社が買い取ってくれることになりました。」
「そうですか。無事に会社が買い取ってくれることになったんですね。それはよかったです。」
「ええ、ほっとしました。ついては、少し遅くなってしまいましたが、伊達さんからお借りしていた300万円、近日中にお返しさせていただきます。本当にお世話になりました。」
「いやいや、友人として当然のことをしたまでですよ。今後ともどうぞよろしくお願いします。では、来週、お茶のお稽古でお会いしましょう。失礼します。」

To be continued

資料室

ティーシード・コンサルティング株式会社
定款等

ティーシード・コンサルティング株式会社　定款

第1章　総則

（商号）
第1条　当会社は、ティーシード・コンサルティング株式会社
　　と称する。
（目的）
第2条　当会社は、次の事業を行うことを目的とする。
　(1)　日本茶関連商品および化粧品の広告
　(2)　日本茶関連商品および化粧品のマーケティング
　(3)　前各号に附帯又は関連する一切の事業
（本店所在地）
第3条　当会社は、本店を京都市○○区に置く。
（公告方法）
第4条　当会社の公告は、官報により行う。
（機関構成）
第5条　当会社は、株主総会及び取締役のほか、取締役会及び
　　監査役を設置する。

第2章　株式

（発行可能株式総数）
第6条　当会社の発行可能株式総数は、3,000株とする。
（株式の譲渡制限）
第7条　当会社の発行する株式の譲渡による取得については、
　　取締役会の承認を受けなければならない。ただし、当会社の
　　株主に譲渡する場合は、承認をしたものとみなす。
（相続人等に対する売渡請求）
第8条　当会社は、相続、合併その他の一般承継により当会社
　　の譲渡制限の付された株式を取得した者に対し、当該株式を
　　当会社に売り渡すことを請求することができる。
（株主名簿記載事項の記載の請求）
第9条　当会社の株式の取得者が株主の氏名等株主名簿記載事
　　項を株主名簿に記載又は記録することを請求するには、当会

社所定の書式による請求書にその取得した株式の株主として株主名簿に記載若しくは記録された者又はその相続人その他の一般承継人と株式の取得者が署名又は記名押印し、共同してしなければならない。ただし、株式取得者が株券を提示して請求をしたとき等法務省令で定める場合は、株式取得者が単独で上記請求をすることができる。

（手数料）

第10条　前条の請求をする場合には、当会社所定の手数料を支払わなければならない。

（基準日）

第11条　当会社は、毎年３月末日の最終の株主名簿に記載又は記録された議決権を有する株主をもって、その事業年度に関する定時株主総会において権利を行使することができる株主とする。

2　前項の規定にかかわらず、同項の株主の権利を害しない場合は、同項記載の日の後に、募集株式の発行、合併、株式交換又は吸収分割その他これに準ずる事由により当会社の議決権を有する株式を取得した者の全部又は一部を、当該定時株主総会において議決権を行使することができる株主と定めることができる。

3　第１項のほか、必要があるときは、あらかじめ公告して、一定の日の最終の株主名簿に記載又は記録されている株主又は登録株式質権者をもって、その権利を行使することができる株主又は登録株式質権者とすることができる。

第３章　株主総会

（招集時期）

第12条　当会社の定時株主総会は、毎事業年度の終了後３カ月以内に招集し、臨時株主総会は、必要がある場合に招集する。

（招集権者）

第13条　株主総会は、法令に別段の定めがある場合を除き、取締役会の決議により代表取締役社長が招集する。

2　代表取締役社長に事故があるときは、あらかじめ取締役会の定めた順序により他の取締役がこれに当たる。

（株主総会の招集地）

第14条　株主総会は、京都市○○区において招集する。

（招集通知）

第15条　株主総会の招集通知は、当該株主総会の目的事項について議決権を行使することができる株主に対し、会日の7日前までに発する。

（株主総会の議長）

第16条　株主総会の議長は、代表取締役社長がこれに当たる。

2　代表取締役社長に事故があるときは、取締役会においてあらかじめ定めた順序により他の取締役が議長になる。

3　取締役全員に事故があるときは、総会において出席株主のうちから議長を選出する。

（株主総会の決議）

第17条　株主総会の決議は、法令又は定款に別段の定めがある場合を除き、出席した議決権を行使することができる株主の議決権の過半数をもって行う。

2　会社法第309条第2項の定めによる決議は、定款に別段の定めがある場合を除き、議決権を行使することができる株主の議決権の3分の1以上を有する株主が出席し、その議決権の3分の2以上をもって行う。

（議決権の代理行使）

第18条　株主は、代理人によって議決権を行使することができる。この場合には、総会ごとに代理権を証する書面を当会社に提出しなければならない。

2　前項の代理人は、当会社の議決権を有する株主に限るものとし、かつ、2人以上の代理人を選任することはできない。

（議事録）

第19条　株主総会の議事については、開催日時及び場所、議事の経過の要領及びその結果、出席した取締役及び監査役その他会社法施行規則第72条第3項に定める事項を記載した議事録を作成し、議長及び出席した取締役がこれに署名若しくは記名押印し、株主総会の日から10年間本店に備え置く。

第4章　取締役及び取締役会

（取締役の員数）

第20条　当会社の取締役は、3名以上5名以内とする。

（取締役の選任）

第21条　取締役は、株主総会において、議決権を行使することができる株主の議決権の3分の1以上を有する株主が出席し、その議決権の過半数の決議によって選任する。

2　取締役の選任については、累積投票によらない。

（取締役の任期）

第22条　取締役の任期は、選任後5年以内に終了する事業年度のうち最終のものに関する定時株主総会の終結時までとする。

2　任期満了前に退任した取締役の補欠として、又は増員により選任された取締役の任期は、前任者又は他の在任取締役の任期の残存期間と同一とする。

（代表取締役及び役付取締役）

第23条　取締役会は、その決議により取締役の中から代表取締役社長1名を定め、他に代表取締役を定めることができる。

2　代表取締役社長は、会社を代表し、会社の業務を執行する。

3　取締役会は、その決議により取締役の中から取締役会長1名、取締役副会長、専務取締役及び常務取締役各若干名を定めることができる。

（取締役会の招集権者及び議長）

第24条　取締役会は、法令に別段の定めがある場合を除き、代表取締役社長が招集し、議長となる。

2　代表取締役社長に欠員又は事故があるときは、取締役会があらかじめ定めた順序により他の取締役が取締役会を招集し、議長となる。

（取締役会の招集通知）

第25条　取締役会の招集通知は、会日の5日前までに各取締役及び監査役に対して発する。ただし、緊急の必要があるときは、この期間を短縮することができる。

2　取締役及び監査役の全員の同意があるときは、招集の手続を経ないで取締役会を開くことができる。

（取締役会の決議方法）

第26条　取締役会の決議は、議決に加わることのできる取締役の過半数が出席して、その出席取締役の過半数をもってこれを決する。

2　決議について特別の利害関係がある取締役は、議決権を行使することができない。

（取締役会の決議の省略）

第27条　当会社は、取締役が提案した決議事項について取締役（当該事項につき議決に加わることができるものに限る。）の全員が書面又は電磁的記録により同意したときは、当該事項を可決する旨の取締役会の決議があったものとみなす。ただし、監査役が異議を述べたときは、この限りでない。

（議事録）

第28条　取締役会の議事については、開催日時及び場所、議事の経過の要領及びその結果、出席した特別利害関係を有する取締役の氏名、出席した株主の氏名又は名称その他会社法施行規則第101条第3項で定める事項を議事録に記載し、出席した取締役及び監査役が署名若しくは記名押印し、取締役会の日から10年間本店に備え置く。

（取締役会規則）

第29条　取締役会に関する事項については、法令及び定款に定めのあるもののほか、取締役会の定める取締役会規則による。

（取締役の責任の一部免除）

第30条　当会社は、会社法第423条第1項の行為に関する取締役の責任について、当該取締役が職務を行うにつき善意でかつ重大な過失がない場合において、責任の原因となった事実の内容、当該取締役の職務の執行の状況その他の事情を勘案して特に必要と認めるとき等法令に定める要件に該当する場合には、会社法第425条第1項に定める範囲で取締役会の決議により免除することができる。

（取締役の報酬及び退職慰労金）

第31条　取締役の報酬及び退職慰労金は、株主総会の決議によって定める。

第5章　監査役

（監査役の員数及び選任）

第32条　監査役の員数は、1名とする。

2　監査役は、株主総会において、議決権を行使することができる株主の議決権の3分の1以上を有する株主が出席し、その議決権の過半数の決議によって選任する。

（監査役の任期）

第33条　監査役の任期は、選任後4年以内に終了する事業年度のうち最終のものに関する定時株主総会の終結の時までとする。

2　補欠により選任された監査役の任期は、退任した監査役の任期の満了する時までとする。

（監査役の報酬及び退職慰労金）

第34条　監査役の報酬及び退職慰労金は、株主総会の決議によって定める。

第6章　計算

（事業年度）

第35条　当会社の事業年度は、毎年4月1日から翌年3月末日までの年1期とする。

（剰余金の配当）

第36条　剰余金の配当は、毎事業年度末日現在の最終の株主名簿に記載又は記録された株主又は登録株式質権者に対して行う。

（中間配当）

第37条　当会社は、取締役会の決議により、毎年9月末日現在の最終の株主名簿に記載又は記録された株主又は登録株式質権者に対して中間配当を行うことができる。

（配当の除斥期間）

第38条　剰余金の配当又は中間配当が、その支払の提供の日から3年を経過しても受領されないときは、当会社は、その支払義務を免れるものとする。

履歴事項全部証明書

京都市○○区○○町○番地
ティーシード・コンサルティング株式会社
会社法人等番号　000-000-000

商号	ティーシード・コンサルティング株式会社
本店	京都市○○区○○町○番地
公告をする方法	官報に掲載してする
貸借対照表に係る情報の提供を受けるために必要な事項	http://www.…………….co.jp/kessan/index.html　平成19年10月1日　設定 平成19年10月8日　登記
会社成立の年月日	平成11年4月1日
目　的	1．日本茶関連商品および化粧品の広告 2．日本茶関連商品および化粧品のマーケティング 3．その他前号に附帯する一切の事項
発行可能株式総数	3,000株
発行済株式の総数並びに種類及び数	発行済株式の総数 1,000株
資本金の額	金1,000万円
株式の譲渡制限に関する規定	当会社の発行する株式の譲渡による取得については、取締役会の承認を受けなければならない。ただし、当会社の株主に譲渡する場合は、承認をしたものとみなす。
役員に関する事項	取締役　　髙倉　翔　　平成22年6月18日　重任 平成22年6月21日　登記
	取締役　　寺町　美樹　平成22年6月18日　重任 平成22年6月21日　登記
	取締役　　茶屋　健太郎　平成22年6月18日　重任 平成22年6月21日　登記
	京都市○○区○○町○番○号 代表取締役　髙倉　翔　平成22年6月18日　重任 平成22年6月21日　登記
	監査役　　清水　悟　　平成23年6月17日　重任 平成23年6月20日　登記
取締役会設置会社に関する事項	取締役会設置会社　平成17年法律第87号第136条の規定により平成18年5月1日登記
監査役設置会社に関する事項	監査役設置会社　平成17年法律第87号第136条の規定により平成18年5月1日登記
登記記録に関する事項	設立 平成11年4月1日登記

これは登記簿に記録されている閉鎖されていない事項の全部であることを証明
した書面である。

平成27年○月○日
京都地方法務局
　登記官　　　　　　　　荒神　学　　印
　整理番号　ハ123456　＊　下線のあるものは抹消事項であることを示す

246

索　引

さ

は

や

ら

著者プロフィール

小林章博（こばやし・あきひろ）

弁護士・公認不正検査士
京都大学法学部卒業。現在、弁護士法人中央総合法律事務所パートナー
（京都事務所代表）。株式会社船井総研ホールディングス取締役（監査
等委員）（2016年3月〜）。弁護士として、会社法分野や金融法分野に
関する数多くの案件に取り組む。また、京都大学法科大学院特別教授
（2017年4月〜）、同志社大学法科大学院（2014年度）や関西学院大学
専門職大学院経営戦略研究科（2007年4月〜2013年3月）の非常勤講師
なども務める。

弁護士法人中央総合法律事務所

1968年の事務所開設以来、蓄積された各分野における専門的な知識、困
難な問題や数多くの訴訟の解決の経験を活かし、専門家集団として、皆
様方に幅広い分野において充実した法的サービスを提供しています。
国内は大阪・東京・京都を拠点とし、また、海外の法律事務所および会
計事務所とも連携しているため、国際案件、税務案件についてもワンス
トップサービスの提供が可能です。
ホームページ：https://www.clo.jp/

カバーイラスト／ERIMO
カバーデザイン／コミュニケーションアーツ㈱
本文デザイン／㈱ベネット

初心者でもわかる！
LawL ゆいの会社法入門 増補版

2020年7月30日　初版発行
著　者　　小　林　章　博
発行者　　田　中　英　弥
発行所　　第一法規株式会社
　　　　　〒107-8560　東京都港区南青山2-11-17
　　　　　ホームページ　https://www.daiichihoki.co.jp/

LawL会社法増　ISBN978-4-474-06708-0　C2234（2）